水中训练

掌握游泳姿势、
精进技术、突破速度

徐国峰◎著

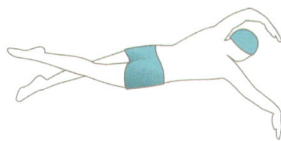

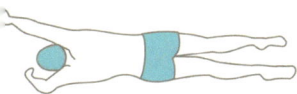

人民邮电出版社

北 京

内 容 提 要

　　这是一本系统介绍自由泳运动的图书，内容包括自由泳这种泳姿的方方面面。本书由向优秀的选手学习展开，逐步讲解了自由泳运动的各项技术动作、身体力量的训练、速耐力的提升等知识，同时还介绍了如何当别人的游泳教练、教授自由泳的方法等。

　　本书适合广大游泳爱好者阅读，尤其适合掌握了自由泳或其他泳姿，希望提高速度、精进技术的中高级游泳爱好者，也可供铁人三项爱好者、游泳教练等参考。

为什么我如此喜欢游泳？

从大一开始正式投入游泳训练，到完成这本书的文稿，刚好经过10年。这10年来我除了入伍与意外受伤的时间，几乎天天下水游泳，对游泳的热情就像心跳似的，随着人事变迁有时高有时低，但却从不曾消失。

10年来，透明的水面总能把现实世界隔绝于身体前进时所激起的水流声之外，跳下水的瞬间始终像是跳入另一个世界似的，失去了重力，我获得了浮力与另一个世界中的飘然心境。大学游泳队的一个队友曾在执行完某天的训练计划后有感而发地说："我时常不自觉地爱上进入水中的另一个自己。游到投入忘我时，好像回到最初在母体里的羊水中似的，混沌、纯粹、自然。"的确是这样。

当然，我并非从一开始就有这种感觉。因为自己是从18岁身体成熟定型后才开始练习游泳的，除了刚诞生时在母亲子宫羊水里的那10个月，从呱呱坠地到成年，我离开水中世界已有十数载，身体各部分早已忘了失去重力的水中世界。因此，刚开始练习游泳的那几年确实吃尽苦头，在水中挣扎了不少岁月之后，才慢慢掌握了在水中前进的各种技巧——如何呼吸、如何划手、如何打水、如何转动身体、如何拿捏用力与放松、如何练习、如何加快速度……摸索的过程是痛苦万分的，就像任何成长的过程一样。"只有不感到痛苦的人才不再成长"，那时我总是这样安慰自己。

现在，教了许多年的游泳后，再反思以往学习游泳与练习游泳的经历，我发现其中很多痛苦的学习过程其实是可以缩短的，或是借由观念的调整，以及利用有效的训练方式，提早享受游泳的乐趣。这本书中所呈现的图片与文字，就是这10年来我体悟与研究后的结晶，它们是经过我个人切身验证过的知识，虽然不见得完全符合每一位游泳爱好者当前需要的标准答案，也不见得适用于每一个人，但是我希望这些文字与图片可以为那些喜欢游泳、想游得更好、想游得更轻松的人提供一种反思的路径，能通过这些文字与图片来反省自己目前的泳姿，借此收获一些属于你自己的成果。因为我相信，每个人都是不同的，每个人也都有适合自己的游泳动作。

书中的照片主要是由曾翊豪选手做示范动作，他曾在游泳项目上代表中国台湾参加了在澳大利亚举办的青少年奥运会，也曾在2010年的中国台湾大专院校运动会游泳比赛中获得大专男子甲组400米混合泳金牌；另外两位做示范动作的是今年才十几岁的双胞胎姐妹彭璟晴与彭璟喻，她们专攻铁人三项，曾经在"百事特小铁人赛"中获得2011年度的冠亚军，2012年夏天还代表中国台湾参加了"2012泰国芭堤雅亚洲杯铁人赛"中的青少年组比赛。借由他们的示范，我才能更精准地向读者传达正确的技术动作与训练方式，在此深深感谢他们。

最后，我想感谢台湾中坜四季早泳会的林先维教练与台湾清华大学游泳队的学弟曾奕颖，书中许多技术上的知识都是他们在教学与训练上的分享。

在游泳训练这条路上，如果没有父母的支持，以及台湾清华大学游泳队李大麟教练多年来的指导、关心与教诲，这本书就不可能出现在大家面前。本书是他们栽培的成果，虽然不是完美的，但我想献给他们，以表达我对他们的感激之情。衷心希望喜欢游泳的你也能在水中游到投入忘我，体会在水中破水前进时的混沌、纯粹与自然的喜悦之感。

徐国峰

前言：向优秀的选手学习

○ **中国选手孙杨打破1500米自由泳保持了10年的世界纪录 11**
良好技术的基础在于优异的身体素质

○ **技术/力量/体能的三角关系 14**
身体素质由力量和体能构成
技术的基础在于力量与体能
打造提高速度的体能金字塔
打造属于自己的"游泳机器"
技术高低：影响体能消耗速率的关键
假如你是科克伦该怎么努力？

○ **这是一本自由泳的武功秘笈 20**
本书是为谁写的？

01 想进步，从技术开始

○ **在水中必须先思考减少阻力 26**
有别于陆地上的移动方式
水阻有多可怕
阻力小才游得快

○ **减少水阻的方式 30**
保持从指尖至脚尖水平的身体姿态
减少双肩阻水的面积
延长身体的吃水线

○ **减少水阻的实际技术训练 35**
第1步：先要掌握"一"形的仰姿
第2步：学习分开转动双肩和头部
第3步：提高滚转时身体的稳定度

水感的奥秘 44

划手前进的原理：什么在前进——是身体还是手？

有利于水感形成的手臂姿势：高肘

水感形成的起点

如何维持一贯的水感？

"免费"水感的终点

失重是因，水感是果

招式的精确度：划手的5个关键姿势 51

第1阶段：指尖斜切入水（Entry）——利落无气泡

第2阶段：掌心向后抓水（Catch）——寻找新的支撑点

第3阶段：高肘抱水（Hold）——是身体通过手臂，而非手
臂划过身体

第4阶段：推水（Push）——完成划手动作，准备转换支撑

第5阶段：提臂恢复（Recovery）——失重造就水感

让你游得更轻松有力的转肩技术 66

没有滚转的身体

滚转的身体

滚转泳姿训练法——在背上绑一根棍子游

滚转是把垂直位能转化成前进动力的技术

臀部在滚转身体时扮演的角色

划频vs.划距 71

划距：划手次数越少越好吗？

"滑行"在游泳的世界里不是个好词！

为什么每次划手都觉得水很重？

重新加速比维持等速费力许多

保持流畅度与节奏感才是提高效率的关键

划频：到底该划多快才对？

○ 换气不是学会就好！ 77

　　在水中用鼻子稳定吐气可以游得更轻松

　　两边换气有助于矫正划手姿势

　　利用腹式呼吸让下半身浮起来

○ 两条腿在水中的功用为何？ 80

　　我们没有鱼尾巴，上下摆动打水不符合经济效益

　　腿部是水感的贡献者

　　最有效率的打水方式：利用臀部激活双腿

02 打造适合游泳的身体

○ 训练各阶段划手所需的力量 88

　　从开始提臂到入水延伸所用到的肌群

　　抓水所需的力量

　　抱水所需的力量

　　推水的力量训练

○ 建立水感的力量训练 95

　　强化支撑的感觉

　　陆上强化支撑的实在感

　　转化支撑为移动身体前进的力量

　　实际支撑在水上：培养手掌的水感

　　锻炼下半身的水感与体能

○ 游泳所需的内力：核心肌群对游泳的重要性 107

　　内力vs.外力

　　相辅相成：核心肌肉的稳定性与外力之间的互助关系

　　体能之链：寻找最弱的一环

　　边练游泳边锻炼整体体能

○ 内力的陆上训练方式 110

　　强化腹部内力的训练方式

滚转所需的核心力量训练

背部训练

臀部训练

○ 拉伸操与柔软度 125

增加柔软度可以游得更好的4个原因

关节与肌肉的关系

静态拉伸vs.动态拉伸

提高划水所需的柔软度

提高躯干的柔软度

提高打水所需的柔软度

03 提升速度的耐力 ——训练自己游得更快

○ 你在水中需要什么样的速度？ 138

加速与维持等速是两种不同的能力

速耐力对游泳的重要性

先到泳池测出你目前拥有的速度

乳酸阈值与临界游速

找到自己目前水中的临界游速

临界游速与持久力都提升才能确实变快！

○ 提高临界游速的训练法：间歇训练 144

变快的训练方式

如何在临界游速下进行训练？

心理调整

需要在临界游速之上进行训练吗？

小心假性进步！

完全不用练冲刺吗？

04 当别人的游泳教练

○ 会游泳与会教游泳是两种不同的能力 156
　　不会游泳的金牌教练
　　游泳教练的任务

○ 当初级教练：如何教旱鸭子游泳？ 158
　　教学之前，先确认学员是否会憋气、韵律呼吸与漂浮
　　教学第1步：徒手仰姿打水
　　教学第2步：侧姿打水
　　教学第3步：单臂前伸，加长"船身"
　　教学第4步：转身换气
　　教学第5步：换手＋换气

○ 当小朋友的教练：如何教初学游泳的孩子？ 168
　　先陪伴孩子玩水
　　适应水性之后再开始教学
　　如何培养孩子适应水中的浮力？
　　小朋友不敢憋气怎么办？
　　韵律呼吸：学会换气的基础
　　憋气与下潜：控制身体在水中的浮力
　　小朋友浮不起来怎么办？

○ 当进阶教练：诊断／纠正自由泳常出现的毛病 181
　　划手常见的错误
　　避免无效划手的方法：不要只是把手掌拉向身体
　　常见的打水错误
　　臀部常见的错误

○ 游泳的教与学 190

向优秀的选手学习

我们和精英游泳选手的差距在哪里？
如果能知道差距及其背后的原因，
我们就可以学习如何填补那个空隙，朝不足处努力。

运动训练对我来说之所以迷人，是因为每个人在身体结构上的限制都一样，但通过不同运动类型的训练，竟然可以让同样结构的身体呈现出惊人的差异性——篮球选手的爆发力与弹跳能力、举重选手的超强力量、棒球选手的手眼协调能力、马拉松选手的有氧耐力……就算是同一个项目，有些人的运动表现却像是另一种生物般不可思议。

拿我们要讨论的游泳来说，世界级选手能以每百米1分钟以内的均速游完1500米，但世界上可是有99%的人连冲刺一次100米都无法游进1分钟以内，而我们所拥有的身体却是构造相同的"机器"。这件事让我非常好奇：除了先天基因的略微差异，我们身体的结构都一样，到底精英游泳选手是如何经由"特殊"的训练具有如此优异表现的呢？

　　在正式开始介绍自由泳的游泳技术之前，我们先来向优秀的选手学习，看看他们是如何使用与你我相同的身体"机器"突破限制，在水中成就惊人的运动表现的。

中国选手孙杨打破1500米自由泳保持了10年的世界纪录

　　2011年7月31日，中国泳坛发生了一件大事。不！不光是中国泳坛，在那天产生了一项可以刻印在世界游泳史上的纪录，那是在上海举办的第14届世界游泳锦标赛的最后一天，也是男子1500米的决赛日，中国选手孙杨在1500米的自由泳项目中夺得冠军，而且打破了保持10年之久的世界纪录。

　　如今这段视频仍可轻易从网站上搜索到，建议读者以"孙杨"为关键词，找16分钟长度的版本看一遍，因为他的自由泳泳姿可以说是目前长距离选手中的最佳典范；不仅是成绩，他那优美流畅到赏心悦目的动作更是无人能比。如果在游泳界举办一场自由泳泳姿选美大赛，孙杨必然也是冠军人选，观赏他的泳姿就像欣赏舞者曼妙的舞姿似的，令人心神愉悦。**你可能会问：这种曼妙得令人赏心悦目的泳姿是如何练成的？** 本书的第1章主要就是回答此问题。

　　那天在中国上海的游泳馆内，孙杨的QT[1]——14分48秒13——是8位选手中的最佳成绩。在这场比赛之前，孙杨已经在世锦赛中的400米自由泳中夺得银牌，又夺得800米自由泳的金牌。他是耐力型选手，这场比赛他的胜算高出其他人许多。

1　QT的全称是Qualify Time。像世锦赛（世界游泳锦标赛）与奥运会都不是随便就可报名参加的，必须在赛前参加由国际泳协认可的正式赛事且成绩达到标准，否则根本无法跳进世锦赛或奥运会的泳池中。QT就是他们参加认可赛事取得参赛资格时的成绩。在游泳的赛事转播中，每位选手出场时屏幕右下方会有选手的名字与QT。

比赛开始！孙杨首先以56秒25游完第一个100米，紧跟着的是第二道的加拿大选手雷恩·科克伦游出56秒36。游完500米时，孙杨领先科克伦虽然不到1秒（0.93秒）[2]，却可看出两位选手的划手姿势形成明显的对比。先不论泳姿谁优谁劣，画面中的孙杨看起来就是轻松许多，划手动作看起来像是在慢游，划频低得惊人：**平均每50米才划手29次（扣除转身蹬墙潜水前进的5米，以游距离45米来算，平均每一次划手前进1.5米）**，但他却正以每百米58秒的速度游进。相比之下，科克伦的提臂显得急躁，入水后也产生许多水花和气泡。镜头转到水底，科克伦的打水动作比较多，孙杨却似乎没在打水，只是配合着划手保持身体的平衡而已，从水底摄影机可看到他的手掌入水时几乎没有产生气泡，每次的高肘动作都维持到胸部以后才进行最后的推水（高肘维持的时间比一般人长很多）。很明显，孙杨的动作看起来既轻松又有效率。就算那些没有游泳训练相关背景的观众，也看得出孙杨的动作比科克伦优异，不但好看，而且激起的水花很少，水中拍摄的画面也看不到什么气泡，人好像被一条隐形的绳子拉着走似的。

○ 良好技术的基础在于优异的身体素质

观看这场决赛的同时，你也许会产生这样的疑惑：两人之间的差别只是单纯的技术上的问题吗？第二名的科克伦是一位经验老道的自由泳冠军选手，难道他在技术上不如只有19岁的年轻选手吗？还有，孙杨的划频为什么可以这么低？他是如何打破10年来无人能破的世界纪录的？这些优异的运动表现背后的原因是什么？

仔细重看科克伦出发后不久的泳姿，可以发现他的动作还是很自在、漂亮的，但200米之后就变得有点勉强。虽然他的前进速度对一般人来说已经遥不可及（每百米59秒左右），可是手臂在划动时与手掌入水时所制造的水

---

2 游完150米时，科克伦曾反超孙杨0.04秒，可是不到50米后孙杨又超越科克伦，而且不断拉开差距。

花，会让人感觉到他的急迫性，觉得他的划手不像孙杨一样有效率（入水时产生的气泡会严重影响抓水的效率）。在这里我们接着思考一个问题：如果现在两人都同时以每百米1分10秒的速度游进，这场泳姿选美比赛可能就很难分出高下了。

动作上的优美流畅不只是纯粹技术上的差别，还与身体素质有密切关系。这有点像以线绳操作的木偶，如果线绳的质量不好，一旦某条线断了，有些好的动作、有效率的技术就会做不到。尤其是前进速度很快时，水本身会对身体施加更大的压力，使你更难控制躯干与动作的稳定性。以线绳来形容，也就是更容易断掉或因绷紧而难以操控，所以更难维持原本在低速时可以做到的技术动作。**在水中前进时因为水阻的关系，游速越快，对运动员身体素质的要求也越高。**

像孙杨这样以平均每百米58秒的速度游完1500米，同时身体的动作又能控制得如此完美，非得有极棒的身体素质才能做到。科克伦为保持比赛所需的高速，放弃了对动作的控制，也就是以牺牲效率换取游速，这会使他损失较多的能量。对短距离比赛选手来说，通常速度减慢前就已抵达终点，所以牺牲效率换取速度的游法是绝对值得的，毕竟没有选手在比赛时会为了游出优美的动作而输掉比赛。但800米以上的长距离项目，优美的动作通常正是节省能量（体力）的保证，而体力又是长距离项目的主要决胜要素之一；如果体力下降太多，你很难一直维持相同的游速，更别提最后的加速冲刺了。

到这里，我们发现优异的身体素质是技术动作稳定性的保证，而技术又是节省体力的关键。那么，所谓的身体素质是什么？又该如何提升？第一个问题是我们接下来要讨论的，第二个问题的答案就在本书的第2章。

技术/力量/体能的三角关系

○ 身体素质由力量和体能构成

世界上重视运动与运动科学发展较完善的国家，大都在政府的组织下成立了国家级的训练研究中心，像美国在1978年成立了美国力量与体能训练协会（National Strength and Conditioning Association, NSCA），澳大利亚成立了力量与体能训练协会（Australian Strength and Conditioning Association, ASCA），英国也有力量与体能训练协会（UK Strength and Conditioning Association, UKSCA）。这些协会成立的目的是提升教练与选手在力量（Strength）和体能（Conditioning）[3]训练方面的专业知识与实践能力。

由此可知，不管是哪一种运动，都必须强化该项目所特别需要的身体素质，才能呈现优异的运动表现，而身体素质正是由力量与体能这两大范畴所组成的。不同的运动种类当然有不同的技术，甚至相同的运动中不同项目的技术差异性也很大，像是自由泳的技术和蝶泳或蛙泳就非常不同。但力量与体能的知识就具有普遍性，不管是什么运动都可以拿来运用。换句话说，力量与体能正是所有运动的基础，在训练时必须与技术搭配，针对不同的项目所需强化的动作做调适。

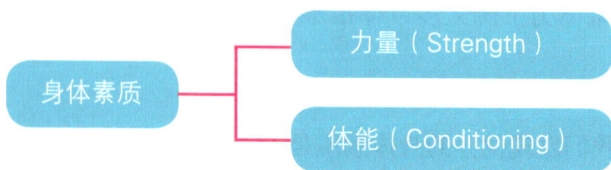

```
身体素质 ─┬─ 力量（Strength）
          └─ 体能（Conditioning）
```

3 从协会的名字就可以看出，其研究的重点放在"Strength"与"Conditioning"上。Strength翻译成"力量"没问题，但一般把Conditioning翻译成"体能"则并不恰当，因为Condition字面上的意思是"调节"与"适应"，意思比较接近于"身体的调适能力"。

　　力量其实也在体能（身体调适能力）范畴之中，但因为力量是所有体能特质中**最关键**的一个环节，所以特别被提出来研究。因此，我们可以把游泳能力分解成技术／力量／体能3个部分，也就是说你的游泳成绩是身体中这3种能力混合之后的表现。这三者既相辅相成，反过来也会互相牵制。只有当体能与力量的根基扎实稳定后，才能保证你在1500米的游进过程中一直有效地控制身体，让动作保持在有效的技术上——身体始终保持看起来优美、流畅的低水阻动作。

速度与技术／力量／体能间的关系

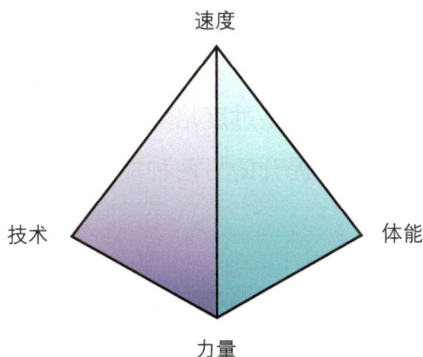

○ 技术的基础在于力量与体能

　　我们再以量化的方式说明孙杨和科克伦这两位选手的能力。假设两人的耐力值都是满分（10分），但以身体素质来说，孙杨（10分）明显优于科克伦（9分）。当孙杨以每百米58秒游进时，其动作还能维持在高效率的技术上（入水动作小且气泡少、高肘划手路径长、推水动作完整、打水动作小而慢）；科克伦的身体素质却已无法负荷，因而牺牲技术以达到相同的游速。这正是为什么有时候我们看世锦赛与奥运会的转播时会觉得疑惑：“为什么有些选手的动作这么暴力？看起来一点都不优美！"那是因为在提高速度之后，身体的控制性也随之变弱。如果让这些选手降低速度游，自然能回到高效率的优美动作。也就是说：**技术的基础在于力量与体能**。没有这两者的支持，就算熟知正确的技术也没用。在清楚每一招的动作细节之后，决定展现于外的技术水准的正是身体素质的高低。

○ 打造提高速度的体能金字塔

技术、力量与体能像是一个三角锥底部的基础，缺一不可，速度位于三角锥的顶点。这3种能力需要平衡发展，速度才能稳定向上提升。

如果身体的一项能力不足，就像三角锥因某一边较低而偏向某一边，顶点自然会比较低。就像体能不足时即使技术再好，你的速度仍然无法有效提升一样。另外，你也不能只是过度培养其中的一种能力，虽然这样也能提高速度，却会被没有同时提升的另两种能力拖累，所以通常训练的效果不彰。

想要游得更快吗？那可不只是单纯提高速度让身体习惯游快这么简单。速度只是"果"，技术／力量／体能三者才是让你游得更快的"因"，只要分别从这3个基础下手，平衡发展，你的速度自然会提升。

速度是建立在平衡的基础上的

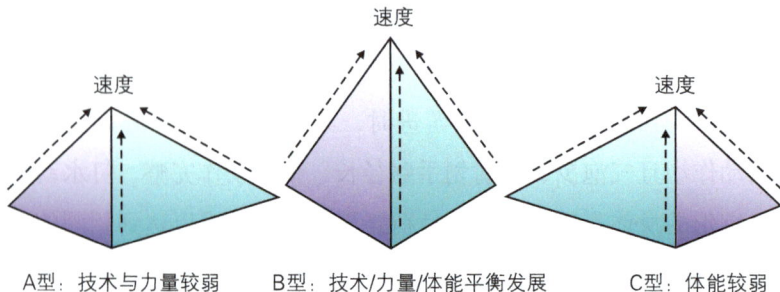

A型：技术与力量较弱　　B型：技术/力量/体能平衡发展　　C型：体能较弱

○ 打造属于自己的 "游泳机器"

你可以把身体想象成一辆赛车，游得快不快取决于你的技术／力量／体能。体能是指心肺耐力与身体输出能量的 "续航力"，就像赛车的发动机效能、供油和排气系统与油箱大小。心肺耐力不足就像是一个排量只有1000毫升的发动机，只能在高速运转下维持几分钟的时间。力量就像赛车各种传动系统间的机械性能，如果轮轴不够强韧，发动机再好也没用，如果避震系统不好，车体也容易损伤。技术是指控制身体的能力，就像赛车手操控技术的优劣。假若赛道上每辆赛车的性能都一样，决定胜负的因素就是不同赛车手的操控技术，就算用同样的车，一级的赛车手就是可以开得比别人快。

游泳也是如此，好的游泳技术可以让你更有效地利用身体储存的能量；另外也能帮助你锻炼正确的肌群，使你能不断强化这部 "游泳机器" 里各部分机械的性能（力量）与发动机的续航力（体能）。

你可以想象，再优异的赛车，交给一位没有驾照的人，除了不可能赢得比赛，还很可能发生意外。所以就算你的身体素质再好，如果不知道有效划手的方法，肯定也不会有好的表现。反之，尽管技术都学全了，但如果力量与体能不好，也做不出理想中的技术动作。

游泳技术是无法独立学会的，因为技术是建立在体能的基础上的，如果你的心肺耐力或肌肉力量不足，有些技术是做不来或做不久的。所以，学习一项新技术时，若觉得困难重重、十分艰辛，你就必须先跳离这项技术，先把支持这项技术所需的力量与体能建立起来。至于每项技术与体能之间的关系，在本书中也会详加说明。

◯ 技术高低：影响体能消耗速率的关键

　　假设科克伦以每百米1分10秒的游速前进，想必他也能维持与孙杨同等效率的技术；但只要速度一提高，动作就无法再像游1分10秒时那样漂亮，身体的动作就会开始超出自主控制的范围。所以，虽然他和孙杨都具有每58秒游100米的能力，但相对来说**科克伦的游泳技术较孙杨差，因此能量的消耗也会比较快**。

　　在这场比赛中，当孙杨剩下最后的300米时，已经领先第二名的科克伦6秒06，但离世界纪录还有2秒70的差距（此时他仍以每50米平均划手29下、每分钟划手61下的划频游进）。从本页表格可以看出孙杨每百米都在逐渐拉近与世界纪录的距离，可见他的耐力分配得很平均，甚至越游越快，这也是耐力优异的长距离选手的最佳典范。

孙杨在2011年世锦赛1500米项目的成绩分析					
剩余距离	500米	400米	300米	200米	100米	终点
累计时间	9分44秒98	10分43秒67	11分42秒21	12分41秒16	13分39秒92	14分34秒14
分段时间		58秒69	58秒58	58秒95	58秒76	54秒22
离世界纪录的秒数	3秒20	3秒11	2秒70	2秒65	2秒03	−0秒42

2001年7月30日由格兰特·乔治·哈克特（Grant George Hackett）所创下的世界纪录为14分34秒56

　　当剩下最后的100米时，他离世界纪录还有2秒03的差距，当时的转播人员大都认为这个差距太大，没有破纪录的希望了（当时1500米自由泳的世界纪录已经保持了10年之久）。没想到最后的100米，孙杨竟然游到54秒22，而且是直到最后10米才超越世界纪录的红线（游泳比赛转播最后冲刺终点时都会在第一名选手的前面标示一条跑动的红线，借以标示目前世界纪录选手的相对位置）！

那天，孙杨打破了由澳大利亚选手哈克特在2001年7月30日福冈世锦赛中创下的世界纪录，这个纪录保持了整整10年，孙杨却在最后100米中创下奇迹。没有人想得到他竟能在短短100米中追回2秒03的差距，甚而又把世界纪录再向前推了近半秒[4]。这是因为他优异的身体素质让技术动作维持住了，才能保存体能冲出令人惊异的成绩。

○ 假如你是科克伦该怎么努力？

如果科克伦想在未来的比赛中胜过孙杨，理论上来说可以朝3个方向努力。

1. 改善技术，让身体形成更小的水阻，或是提升打水和划手的效率。

2. 再提升体能与耐力（就这场比赛来说，就是强化科克伦维持每百米游58秒的忍耐力），锻炼出比其他选手优越得多的能量储存能力与心肺耐力，即使在高速下牺牲效率也不怕能量耗尽或心肺趋向衰竭。

3. 提高身体的控制力，让自己每百米以58秒游进时的动作效能能保持与每百米1分10秒时一样。

当然，也可以在3个方向齐头并进。但提升耐力对世界级选手来说是较

4　1500米的世界纪录是高科技泳衣时代下当时唯一尚未被打破的纪录，其中的主要原因在于高科技泳衣能减少皮肤表面的水阻，因此在微秒必争的短距离项目中效果十分显著，但在长距离项目中就很难靠这项科技取得优势。

难突破的方面，因为他们每天大都已经有1万到2万米的可怕练习量，很难再通过训练量的积累提升耐力。所以，改善技术与提高身体的控制力是比较聪明的训练方向。训练保持平衡所需的核心肌群与小肌肉群，它们虽非主要的发力肌群，却能帮助保持动作的稳定，借以提升控制身体的能力。

这是一本自由泳的武功秘笈

金庸武侠小说的世界里有拳法、掌法、剑法、刀法等，刀法有30多种，剑法超过100种，拳法和掌法则超过200种。这些武功的流传方式不外乎立派授徒或留传武功秘笈。前一种方式可以当面传授，但有时空限制，一旦武功高强的师父去世或远在他乡，有心人就无缘再学；后者的传播力较广，但秘笈中的招式与练功心法如果表达不清，就会使人练错甚至走火入魔。

我始终觉得游泳也像是一门武功，为人熟知的有仰泳、蛙泳、蝶泳、自由泳4种。这本书是专为想练自由泳的人而写的，我把它当成一本传授自由泳的武功秘笈来写，其中包括招式、心法与练功途径，这三者必须互相配合才能练得好。只学招式，就会徒具形式而无法掌握每一个动作的要领；只学心法，则只是纸上谈兵而不知如何化成实际的动作。

我当然不是自由泳的开山始祖，但因为这本书的完成，可以说也已自成一派！其中融合了观察优秀选手泳姿的心得、多年来自己练游泳与教游泳的经验以及国内外的研究成果。第1章以文字说明心法，辅以精准的图片来说明招式，让大家了解自由泳各个动作的细节。有别于其他派别的，是第2章介绍的练功途径——各种辅助学习招式的力量与体能训练。

○ 本书是为谁写的？

有关游泳教学的中文书籍并不是太多，一方面是因为许多人认为游泳无法纸上谈兵，另一方面则是因为研究游泳的人太少了（相对来说教游泳与学游泳的人很多），因此我在编写这本书的过程中，大量阅读和观看了世界上关于自由泳训练的相关书籍和视频，其中，我个人认为最值得参考的是下列三者：Total Immersion、Pose Method与Swim Smooth。

在研读这些著作的过程中，我觉得它们像是游泳这门武功中的3个派别：Total Immersion这一派着重于减少阻力这方面；Pose Method着重的是增加推进力的划手技巧与建立水感；Swim Smooth则是强调划手的流畅度与各种实际的体能训练方式。本书是融合上述三派的论述与我个人练游泳／教游泳的经验而成的。

写给已经会游自由泳的人

假如你完全不会游泳，不建议你通过本书开始游泳的学习之路，而是应该请个教练（虽然最后一章的"如何教旱鸭子游泳？"中详述了初学游泳的步骤，但主要是写给教练看的，很多练习动作都需要教练的辅助才能完成）。本书的主要目的是帮助那些已经会游泳的人游得更好，因此在阅读之前，你必须已经会游泳。"从完全不会游泳到会游泳"这件事对成人来说是很难依靠书本做到的，想跨过旱鸭子的门槛，最好有教练、友人或是视频教材等外在因素的辅助，这样才比较容易达成。若要明确划定界线的话，如果你无法连续以自由泳的泳姿游进100米，那么这本书对你的帮助可能不大。

写给成年后才学会游泳的人

就像骑自行车与说母语一样，只要小时候学会了，身体就会记得。对那些小时候就已学会游泳的人来说，尽管过了好一阵子没游，下水后还是能很快掌握在水中世界前进的原则。但若是成年以后才开始学游泳，就会变得像进入另一个陌生的国家重新学习另一种语言那样困难。对于已经习惯中文的我们来说，要再重新学习第二外语，脑中定型的中文思维与发音方式会使学习更加困难。就像大人的身体已经定型，已经太习惯陆地上的移动方式，因此水中就像是另一个星球的世界一样。

虽然只要努力，所有的人都可以学会游泳，但我们的身体因为是在陆地上成长的，肌肉和关节已经发展成陆地上的移动方式，所以那些能帮助在水中游进的发力与平衡的相关肌肉群，都很难在水中激活。除了因太弱小无法使用，主要原因是你根本不知道如何动用那些本来就有的稳定肌群，以帮助自己保持平衡、减少水阻，或是如何利用躯干来帮助自己划手。那些从小练到大的游泳选手的身体在成长阶段就一直与水保持接触，因此能下意识地运用身体的各部分肌肉在水中移动和稳定身体，变成像走路与跑步那样自然。但对成年后才学游泳的人而言就很困难，因为他们不知道如何激活身体在水里前进时该用到的肌群。虽然成型的事实无法改变，但经由正确的努力，还是能唤起身体的游泳基因。所以，本书的后半部分精选了许多能帮助这些人开发游泳所需的体能的训练方式，主要就是帮助成年后才学会游泳的人。

写给想游得更好更快的人

对现在已身处会游泳这一端的你而言（我们用能连续游100米自由泳当作标准），看着泳池里那些泳姿优美流畅的泳者，是否时常想着"要怎么样才能游得像他们一样好呢？"自忖着"为什么游了这么多年还是没有刚学会游泳的小朋友快呢？"是否曾怀疑"自己天生的身体素质不适合游泳"？到底如何才能游得更快，才能游得像游泳选手一样流畅优美？该如何练习？又该练些什么？如何游得更轻松省力？划手与打水的技术有没有一套标准系统可供学习？这些问题即这本书要一一探讨与呈现的。从这些问题你也能看出，这本书并不是写给小朋友或初学者的，而是写给那些已经会游泳却想游得更好的人的。

游泳的进步需要通过技术练习与体能训练才能达成。图书馆里有许多教人游泳的书籍，网络上也有许多教学视频，却很少解释每一个动作或姿势背后的原理。"为什么要那样练？""为什么要那样游？"本书则说明技术和身体素质（包括力量和体能）之间的关系，不只是针对技术来陈述标准动作，更解释了每一个动作背后的力学原理。而你所追求的速度，正是建立在技术—力量—体能的三角关系基础上的，缺一不可。书中分别详细说明了这三者的训练方式，以及如何安排才能让你游得更快。

写给热衷训练的长泳爱好者与铁人三项选手

我身边有许多热衷游泳与铁人三项训练的老师、学生、工程师、商人与一般的上班族。他们每周花十几个小时训练，但成果有限。我发现最大的问题在于他们从事训练时只注重训练量，而忽略了技术训练与训练品质。因此长久下来，有氧耐力虽然都训练得非常强大，成绩却进步得很有限，主要原因就是他们忽略了技术与动作控制能力的训练。本书的目的就是帮助这群人重新思考训练的定义：训练不应只是一次游5000米，更要包括技巧、平衡、力量与柔软度等训练身体各方面的科学。如果你是一名游泳运动员或是有心想进步的人，就必须多管齐下，在训练课表中安排各项元素，才能有效进步。

写给想当教练的人

在本书第1章，将先介绍减少阻力，再介绍增加推进力的技术，以及这两者间的互为体用的微妙关系；接着在第2章介绍力量与体能的实际训练方式；第3章介绍提升速度的间歇训练。本书的最后一章教你如何指导别人游泳，作为教练必须具备各种观察与分析能力，要能看出他人的优缺点，进一步找出形成缺点的原因。另外，必须具备修正与调校的能力。缺点知道了，原因也分析出来了，该如何修正、如何调校到"优"，这才是大学问。很多时候这不只是技术上的问题，里头大都内藏体能或力量不足的缺陷。当然，如果你理解前面章节中提及的要点，可以很快指出大部分的问题，进而找出解决泳姿缺陷的练习方式。不过本书第4章中会更全面地指出自由泳中常见的错误，以及应该如何修正。

01

想进步，
从技术开始

对已经学会游泳且想更精进的人而言，学习技术是最优先的事。先了解什么是水中有效前进的力学原理与动作细节，才不会在练习过程中不断重复错误与没效率的动作。某个动作一旦变成习惯，就很难纠正。因此，一开始要先认识什么才是有效率的技术，把正确的技术放进大脑中，这对想游得更好的人来说是首要目标。尽管身体的力量与体能可能还无法让你做到技术上要求的某些动作，但先在大脑里"安装"属于自由泳的相关技术"软件"之后，身体自然会慢慢朝正确的方向转变。

我于2001年10月开始进行正规的游泳训练，那时我才刚上大学不到一个月。我加入了学校的游泳队，一加入就迷上了游泳训练，直到现在。队里的教练和学长学姐教我各式的技术动作，我花了4年时间学习，学会了有关游泳的各种事，尤其是我们每次到岸时教练在池边所喊的那些关键技术的提示语，不断随着水花声在耳边低回缠绕；在身体和大脑缺氧的情况下，那些关于重点技术的喊叫声更加深刻地印在记忆的深处，变成一辈子也忘不了的低吟，像是小时候背过的古诗似的。虽然当时对很多术语都不懂其中的含义，但时至今日，渐渐地了解了那些话语背后所隐藏的深意与动作背后的原理。这一章就是在我脑中回荡不已的声音与近几年来对游泳技术的思考化成的文字，下面就呈现给大家。

在水中必须先思考减少阻力

○ 有别于陆地上的移动方式

你在陆地上之所以能移动，是因为重力把身体拉向地面，然后你依靠双脚支撑才能走路、跑步与骑车。但在水中就不一样了，重力把身体拉向水中，浮力却同时撑起身体，支撑点从双脚扩展到全身，而且前进时的水阻又比空气阻力大了800多倍。所以，习惯于只靠双脚支撑前进的人，往往难以适应水中的力学环境与前进方式。但只要你有热情与决心，肯花时间待在水里，让身体习惯另一个世界的规则，事情就会变得单纯很多，其他的就只是技术层面的问题。

刚开始练习自由泳时，我总是十分受挫与困惑。那时候几乎整个大学生活的课余时间我都投入游泳的训练中，但进步一直很有限。当时我一直不明白，为什么练了这么多，却总是游得比刚加入的新生慢。在那段"怎么努力练习都无法再进步"的苦闷岁月，我就像在逆流而游似的怎么用力都前进不了，处于一种停滞不前的沮丧中。到底问题出在哪里呢？当时我实在苦恼不已。

直到后来我才认清，自己游不快的问题出在身体前进时形成的阻力太大了。想要在水中快速前进，有两大重点：一是减少阻力，二是增加推进力。相对于陆地上的骑自行车与跑步，在水中前进时，思考如何减少阻力比不断增强推进力更重要。这正是我的力量明明比较大，而有些力量小的女生却总是游得比我快的原因。

阻力形成的主因为不当的身体位置，包括头、肩膀、背、腰、臀部、大腿、小腿与脚踝各部分在水中的位置。你的后脑勺、上背部与臀部3处连成的直线必须尽量与水面平行，让身体保持"一"字直线横切过水面。若头抬得太高，身体的其余部分沉在水中，像是"／"一样前进的话，推进力大都会被水阻所抵消。

○ 水阻有多可怕

把减少阻力放在第一位，然后再思考推进力。为什么呢？让我们从流体力学的角度来看看。

在水中所面临的水阻 $R = \frac{1}{2}\rho V^2 C_D A$

水阻＝$\frac{1}{2}$水的密度×移动速度的平方×水阻系数×身体横断面的面积

由上面的式子可知，身体在水中前进时所遇阻力的大小可由4种变量决定：水的密度ρ、移动速度的平方V^2、水阻系数C_D与身体横断面的面积A。

其中，水的密度虽然会因温度与离子的浓度而改变，阻力系数也会因为每个人的身材与泳衣的材质而有所不同，但这两个变量造成的影响都不大。水阻的大小主要还是由人体在水中前进时的**速度**和**阻水横断面积**所决定，而且，其中决定性的关键变量是速度，因为它会使阻力成平方倍数增加。也就是说当你的游进速度变为原来的2倍时，**原始水阻**会增加到4倍；速度变为原来的4倍时，**原始水阻**会增加到16倍。

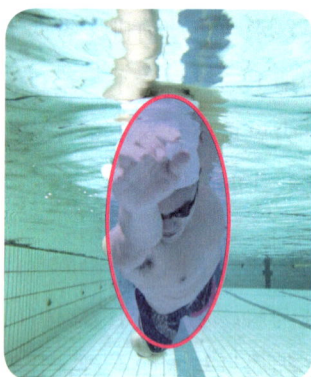

○ 阻力小才游得快

决定水阻的另一个关键变量是横断面积：身体前进时横向阻断水流的面积大小。如果你的游泳技术尚不成熟、身体位置不佳，在游进时就会形成过大的横断面积，你游进的原始水阻就会比别人大，必须耗损更多的体力才能提升到相同的速度。

用实际数据做比较，你就会发现身体横断面的面积如何耗损你的体能。假设水的密度是1千克/立方米，阻力系数也是1（系数没有单位）；学长因为技术优良，身体在水中的横断面面积极小——1.5平方米，而我当时因为身体位置不好，游进时会形成2平方米的横断面面积。假设我们都要保持每分钟游50米的速度（50米/分钟＝0.83米/秒）。

- 学长所需承受的阻力为 $\frac{1}{2} \times (1 \times 0.83^2 \times 1.5 \times 1) = 0.517$（牛顿）
- 我所需承受的阻力为 $\frac{1}{2} \times (1 \times 0.83^2 \times 1 \times 2) = 0.689$（牛顿）

也就是说，我每游50米要比学长多付出8.6焦耳[（0.689-0.517）×50，力×位移=做功，单位为焦耳]。如果连续游1500米，我就必须额外多付出258焦耳（8.6×30）的能量，难怪我会感觉更累。

速度：每分钟游50米=0.83米/秒					
	横断面面积	水阻	游50米所做的功	游1500米所做的功	多出258焦耳
学长	1.5平方米	0.517牛顿	0.517×50=25.85（焦耳）	775.5焦耳	
我	2平方米	0.689牛顿	0.689×50=34.45（焦耳）	1033.5焦耳	

假如现在加速到每分钟游75米（也就是每100米游1分20秒，这个速度大多数游泳者都可以在单趟冲刺中达到），依照相同的计算方式，同样是1500米，我需额外多花585焦耳才能游完。而用这585焦耳，学长还可以再多游500米。这就是我总觉得学长可以轻松加速，而自己总是得费力划手才能跟上的原因。因为水阻无时无刻不在拖住我的身体，浪费划手与打水的推进能量，所以减少阻力才是轻松游与加快速度的关键。而减少阻力的最重要因素即身体在水中所形成的横断面面积，面积越小，游得越轻松，速度也越能往上提升。

速度：每分钟游75米=1.25米/秒					
	横断面面积	水阻	游50米所做的功	游1500米所做的功	多出585焦耳
学长	1.5平方米	1.17牛顿	1.17 × 50=58.5（焦耳）	1755焦耳	
我	2平方米	1.56牛顿	1.56 × 50=78（焦耳）	2340焦耳	

减少水阻的方式

下面这张图列出了各种减少水阻的方式。

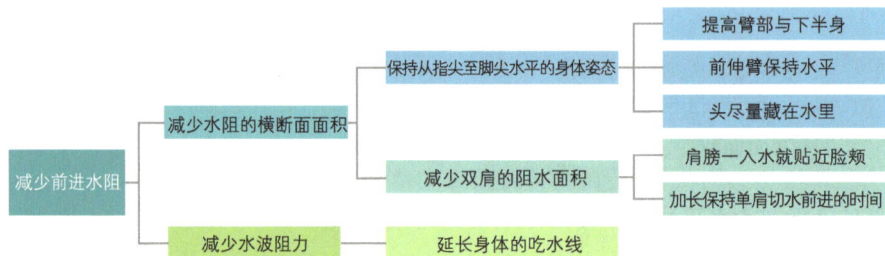

○ 保持从指尖至脚尖水平的身体姿态

人的身体在水中本来就有浮力，但各部位的浮力大小却不同。因为肺与胃囊中空，而腿部的肌肉量较多，造成上半身的密度比下半身小，再加上换气时口鼻必须浮出水面，所以很容易因为跷跷板原理而使下半身较沉，变成"／"形的身体位置，因而形成较大的横断面面积。下页图两条红线的长度如果越长，身体在水中前进时形成的阻力也越大。

◎低水阻的身体位置（横断面面积小）

◎高水阻的身体位置（横断面面积大）

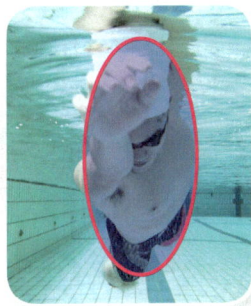

　　保持水平身体姿态的方式是将身体的重心往前移，下半身就会跟着抬起来。把头藏进水里、把手往前伸都能有效地前移重心。

把头藏起来

　　大部分游泳初学者下半身过沉的原因是换气时头抬得过高，而对于许多换气技巧熟练的人来说，头在没换气时处于一个高角度的位置，这也会造成重心后移。重心后移不但会使双脚下沉，也会降低抓水的水感（原因会在本书的"水感的奥秘"中说明）。头部是水阻横断面面积的最大"贡献者"之一，为了减少水阻，应该尽量把头藏在水里，简单地说就是学会低头。我们常不自觉地抬着头游泳，那会增加头部的阻水面积，也会在后颈形成凹陷处，使得游进过程中形成多余的涡流阻力。最理想的状况是后脑勺、后颈与脊背能形成一条直线。换气时也一样，应该尽量减少露出水面的部分，只露出单边泳镜与口鼻换气即可。

把手往前伸

手臂的作用除了推进，也能减少水阻。因为手臂可以变成身体的延长线，只要你随时让两只手臂交替保持在头前，身体的跷跷板就会一直保持在稳定的水平状态。具体来说，当一只手划到额头前方时，另一只手刚好入水。总是让一只手臂保持在身体前方，身体的跷跷板就不会在头脚之间上下振荡。只要能让上半身的各个部位不离开水面太多，将身体重心前移，跷跷板的另一边就会跟着抬起来。但要注意，手掌前伸时切勿高于肩膀，一入水就要保持与肩同高或是略低于手肘的位置；如果手掌比手肘或肩膀高，就会抓不到水（原因会在本书"水感的奥秘"中说明）。最理想的脚尖与手指位置分别是9点钟与3点钟，但下半身很沉的人可以把手臂往水底的方向倾斜，指向4点钟位置，如此一来下半身会因此而向上翘。因为下半身的横断面面积较大，对下半身过沉的人来说这样的牺牲是非常值得的。

○ 减少双肩阻水的面积

游泳选手拥有宽阔的肩膀与胸膛，它们是创造推进力的主要力量源泉，同时也是形成水阻的主要部位。虽然划手是自由泳主要的推进力来源，但如果双肩平行地在水中前进，两边的斜方肌与三角肌都会成为横断面面积的一部分，阻挡前进的水流，此时不管肩膀能创造多么可观的推进力，大半都会被本身形成的阻力所抵消。所以，针对划手必须先思考"如何形成低水阻的划手方式？"

前人已寻找到答案，就是转肩的技术：让两边的肩膀以头部为中心交替转动，使身体在游进时永远有一边肩膀留在水面上。从侧面看起来，肩膀并非只是上下移动，而是绕圈转动；因为转动的关系，没入水中的肩膀可以躲在脸颊旁，进而缩小斜方肌与三角肌群的横断面面积，**使双肩形成一道"切面"**，相对减少水阻的产生。

从下面两张比较图观察阻水横断面的面积，就会形成一个简单的结论：减少水阻的最佳方式即**尽可能减少"平游"的时间，增加"侧游"的时间**。

多出肩膀的阻力

前臂没有贴近脸颊
多出胸口下的阻力

除了上面提到的侧游时只有单肩入水，而且可以躲在脸颊旁，滚转的另一个好处是可以让手臂更往前伸，不但加长了划手的距离，也拉长了身体的长度，而且因为身体浮出水面的比例增加，重量施加在前伸手臂上，这正是提供"免费"水感的最佳时机（这将在本书"水感的奥秘"与"转肩技术"中详细介绍）。

○ 延长身体的吃水线

威廉·弗劳德（William Froude, 1810 — 1879）是英国的一位造船工程师。他发现在其他变量相同的情况下，"船身越长，水波阻力越小"。也就是说，如果两艘独木舟分别长10米与15米，其他变量如宽度、高度、外表的光滑度与吃水深度都相同，当两舟并排在水中以同样的力气向前推时，15米长的独木舟会跑得比较快，最后的移动距离也较远。

但我们并不能任意控制身高，那又该如何在游泳时利用弗劳德的研究成果呢？答案在前伸手臂。举个大家都有的经验：在泳池转身或出发时，大家应该都有过蹬墙漂浮的经验，你可以试着回想，蹬墙漂浮时，是把双手置于前方还是置于身侧的大腿旁会漂得比较远？答案是前者，因为前伸的手臂可以让身体——"船身"——加长。

手臂前伸时等同于加长身体的吃水线，使身体向前滑动的水波阻力减少。所以，应该尽量让两只手臂轮流保持在身体前方，也就是说左手入水时，右手刚好划过额头下方（这是所谓的"前交叉"——双手在额头前方形成交叉点），这样就能确保"船身"一直保持在大于"身高"的状态下，也能同时增加推水时身体的滑行速度与距离。

反过来说，应该避免在手臂划到臀部时另一只手才入水，否则你的"船身"就会有一段时间变短，阻力也会在那时暴增。因此，太早划手也会造成相同的问题。如果入水后能停留一下，维持"船身"的长度与稳定度，推水的速度也会因此提升（左手入水刚好是右手推水的时候。详细的划手时机介

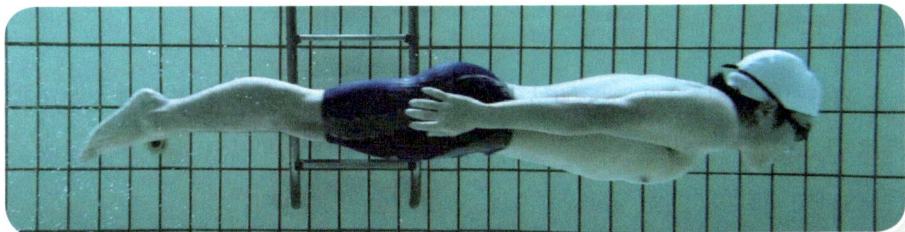

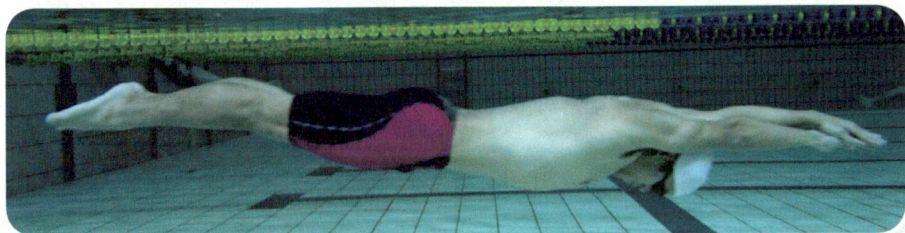

◎两种蹬墙漂浮动作：双手置于身侧的大腿旁／置于前方

绍请参阅本书的"划手的5个关键姿势"）。

之前提到的转肩动作可以延长手臂的长度。你可以站着试验看看：双手平伸，让指尖齐平，随后转出左肩，使肩膀贴齐下巴，你会发现左臂伸出的长度比右臂多出许多。

减少水阻的实际技术训练

要想减少身体所形成的水阻，先要掌握在水中平游与侧游的平衡感，然后再练习转肩的技术。平游可以减少下半身形成的水阻，所以必须先掌握平游的身体位置，再开始练侧游与转肩。想学会优秀的转肩技术，你可以按下列的步骤依序练习，逐步强化控制自己身体的能力。练习下面的动作时，速度不是首要目标，请把注意力放在身体的稳定与平衡上。

○ 第1步：先要掌握"一"形的仰姿

在学习侧游与滚转所需的技术之前，先要学习如何使上下半身在水中保持水平。先让身体记住头脚平衡的姿势甚为重要。如果你无法在平游时学会控制身体，想学习侧游与动态的滚转动作就会更加困难。

仰姿水平漂浮

▶ **训练方式**：双手置于大腿两侧进行仰姿漂浮打水。

▶ **解说**：明明是学自由泳，为什么要先从仰姿开始进行呢？因为卧姿时，口鼻完全埋在水中，初学者会不自觉地吸一大口气憋在胸腹中，造成上半身太浮而上翘，下半身会因此下沉；也会因为气闷而产生过度抬头换气等问题，让身体无法专注在控制平衡的目的上。因此，学习控制身体平游的能力时，最好先以仰姿开始，不用换气就可以帮助你专注于头脚的平衡上。

侧姿水平漂浮

训练方式同前，不过身体改成面向池壁的侧姿，打水也改成侧向，双手同样置于大腿两侧。

○ 第2步：学习分开转动双肩和头部

头的位置对身体上下半身的平衡影响很大。虽然大部分人都会转肩，但很少人在转肩时能保持头部不动。下面的仰姿转肩训练的目的即提高双肩和头部能分开进行滚转的能力。

仰姿转肩练习

▶ **训练方式**：脸朝上，双手放松置于大腿两侧，单肩尽量转至下巴位置处，每25米转动1次肩膀。熟练后可以改成每踢6下腿转动1次。

▶ **解说**：此训练的目的在于学习转动身体而头部不跟着转动的技术。练习时如果能在额头上放个水杯而不倾倒并连续游完25米，就代表你练成了。但这并不代表你在游自由泳时就保证能做到，你必须再多加练习，把那种感觉烙印在身体里。

仰姿转头练习

▶ **训练方式**：头部沉入水中，口鼻朝向右边池壁，尽量与池边保持平行前进，双手置于大腿两侧，双脚侧向左右打水。每踢6下腿转动1次头部，出水面换气。转动时身体要尽量保持姿势的稳定，越少晃动越好，原本沉在水中的头部比例也不要因为换气而改变。

▶ **解说**：转动头部而身体不动的能力相当重要，它能帮助你减少换气时身体因晃动所产生的水阻。需要特别注意头部的位置，不要抬出水面，下半身才不会过沉。换气时保持身体侧游的姿势，只转动头部露出口鼻吸气，这可以同时训练你头动身不动的平衡能力。但若是你一开始转动头部时会呛水而无法换气，建议直接转动全身，以仰姿呼吸，直到不感到气闷后再恢复成侧身打水的姿势——因为这项训练的主要目的是增强侧游时的身体平衡控制能力。

○ 第3步：提高滚转时身体的稳定度

所谓的"最大幅度"是指一侧肩膀抬到最高、另一侧肩膀来到水下最低位置时。

当你俯卧时，因为胸腹、大腿与膝盖完全由地面支撑，所以身体稳定度高；然而一旦改成侧卧，因为支撑面积缩小到只剩下身体的外侧，所以不稳定度相对提高，很容易向左或向右倾倒；在柔软的水中更是如此。侧姿时身体很容易在水里左右偏摆，但要从不稳定中求稳定，其实就是在锻炼稳定平

衡所需的核心肌群。下面我们会介绍一些练习，帮助你提高滚转至最大幅度时身体的稳定度。

单手前伸侧姿漂浮

▶ **训练方式**：姿势与换气方式同前，但改成单手前伸；没入水中的手臂平贴置于大腿侧，像放在裤子口袋里一样。脸部朝向池底进行侧向打水，前伸臂的肩膀贴住脸颊。双脚轻轻打水，目的只是让下半身上抬，而且要使双脚与身体和前伸臂保持一贯的流线型。游完一趟（25米或50米）后，换手再游回来。

▶ **解说**：头部位置仍保持藏在水中，前伸手至少要与肩膀保持水平（3点钟位置）。如果下半身无法与上半身保持在同一水平面上，可以降低手肘与手掌的高度，使重心前移，借以平衡身体的位置——要牢记手臂最佳平衡位置的角度与手掌的入水深度，那正是你以后手臂入水后要达到的目标位置。

　　这时转头换气仍不是训练的重点。刚开始进行这项练习时的换气动作若会影响身体平衡，可以加大转动身体的幅度改成背部朝下，让脸部转出水面，手心改成朝上（但手掌切勿出水）。头和身体一起转动，像是躺在水面上一样，直到呼吸顺畅后再恢复到原始姿势。在转动的过程中，身体尽量维持平衡与流线型状态。重点在于不影响身体漂浮时的稳定度。熟练之后可以练习在不破坏平衡的情况下，直接小角度转动头部，让嘴巴能刚好露出水面吸气即可。

侧姿水平漂浮＋提臂

▶ **训练方式：** 姿势同上，但在转头换气前先提起置于大腿侧的手肘，手掌自然垂下，让手指抚过体侧向前移至耳旁，随后回到大腿侧。

◎侧姿单手前伸，水平漂浮打水

◎提臂

◎回到原处

◎转头转身换气

▶ **解说：**提臂时是利用手肘带动前臂与手掌前移，双肩的位置要保持不变。此时身体会略微下沉，属正常现象，只要等手臂回到大腿侧，身体就会自然上浮，此时再转头换气（或直接增加转动身体的幅度到仰姿换气）。切勿急于抬头换气，因为此项训练的目的是增加提臂时身体切水前进的稳定度，换气只是为了让这项训练顺利进行。

侧姿水平漂浮➡提臂➡换手

◎转头转身换气，同时换手。右手前伸➡提臂➡左手前伸

▶ **训练方式**：与前述动作相同，但每次提臂经过头部之后直接在额前入水，水中的前伸臂同时向后划到大腿侧，身体也顺势转向另一边，直到身体稳定后再重复上述步骤。每划3次手才转身换气1次。

▶ **解说**：手臂入水后，前伸臂要立即下压，使肩膀贴近脸颊；双腿同时转向另一侧左右打水，打水幅度要小，切勿超过身宽。除了换气与肩膀和上半身进行滚转时，头部应该保持稳定不动。

水感的奥秘

古希腊思想家亚里士多德曾提出身体移动的基本物理原则：身体移动的那个部分必先支撑它本身之后才能开始移动。

○ 划手前进的原理：
什么在前进——是身体还是手？

移动的原理在支撑！没有支撑就没有前进。游泳、自行车与跑步这3项运动，都是以移动身体为主要目的的运动。跑步是由于脚掌支撑在地面才能将身体送向前方，骑自行车时是由于脚掌支撑在踏板上、体重下压才能驱动双轮，自由泳主要是由手掌支撑在水中，才能将身体往前拉。虽然前进必须依靠支撑，但是支撑部位（脚掌／手掌）在形成支撑点时无法移动，只有当其离开支撑点之后才能开始移动。以走路为例（你可以站起来走走看），右大腿往前跨，脚跟着地之后形成支撑点；因为此时右脚掌固定撑在地面上，才能让左脚掌与身体离地向前移动。那么右脚掌何时才可以移动呢？只有当它结束支撑之后才能。在水中移动的原理也是一样，手掌在抓水、抱水与推水的过程中如果支撑点够稳固，手掌其实并没有动，前进的只是身体。只有在提臂之后手掌才向前移动。

我们很容易陷入"把水往后划，身体就能往前进"的迷思中，但那就像在跑步机上跑步，你的脚掌和履带不断向后滑，身体却停留在同一位置上。所以，如果我们在水中只是一直想通过划动手臂来前进，就会忘记真正想移动的是身体而非手臂。试想：如果只是一再划动手臂，身体却没有移动，那就像是趴在岸边划水一样，身体变成稳固的不动支撑点（**不动的支撑部分**），手臂反而变成不断来回划动的部分（**移动的部分**）。那就会变成只是划动水，而非划动身体。我们真正要移动的是身体而非手掌，**唯有当手掌形成稳固的支撑点（不动的支撑部分），身体才能顺利移动（移动的部分）。**

　　想象如何爬上一面墙。首先，你两手举高，用手掌扣住墙。假设你手臂的力量足够，向上一跃再往上一撑，身体就能顺利向上移动。移动的只是你的身体，手掌并未移动位置，仍撑在墙头。你手臂的确用力了，但它出力的目的是在克服重力。

　　然后试着把这样的想象向右旋转90°，在画面里装满水。你浮在水面上把手往前伸，撑住墙头，然后施力将身体往前拉到额头之后再推出去。身体前进了，但手掌仍在原来的位置。没错！你只是施力把身体往前送出去而已。游泳时手臂的功用也是如此，只是因为水中不存在具体的墙面，所以无法"实在地"扣住它。但不论爬墙还是划手，利用手臂使身体前进的原理都一样——手掌先要形成固定的支撑点。当我们在水中时，施力的目的不再是克服重力，而是克服水的阻力。这也是游泳有趣的地方：**水是你施力的支撑点，也是你施力所要克服的唯一阻力。**

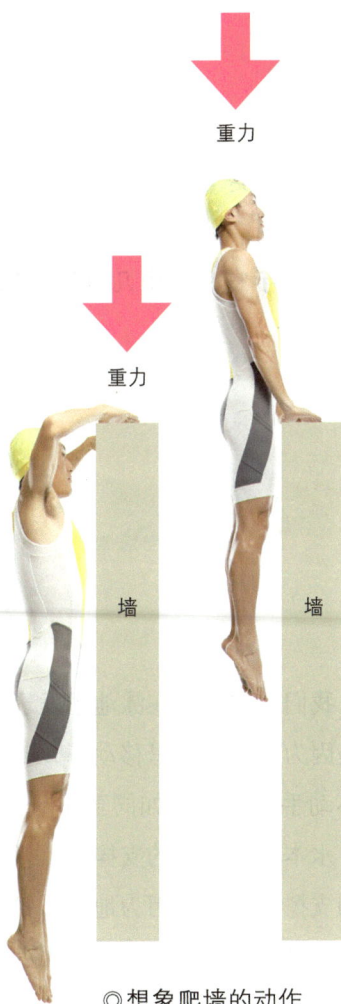

重力

重力

墙　　墙

◎想象爬墙的动作

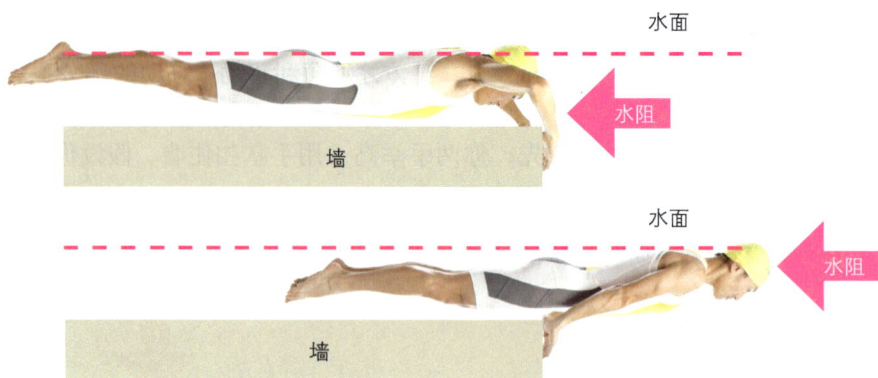

水面

水阻

墙

水面

水阻

墙

水感的奥秘亦在此：你要移动的是身体，支撑点在手掌形成。经过仔细研究后发现，优秀选手在游自由泳时，手掌入水与出水的位置几乎相同，也就是说：**手掌在水中几乎没有移动，真正移动的只是身体**（手掌不动身体动）。

手掌出水点

手掌入水点

我们时常可以在泳池里发现有些人手臂划得很快，身体却前进不多，那就是因为手掌在水里移动了，支撑点没有形成，所以身体无法顺利移动（身体不动手掌动）。如同亚里士多德所说，有固定的支撑点才能移动。在水中，水本身就是你的支撑点，就像跑步时地面是你的支撑点、骑车时踏板是你的支撑点一样。因为地面和踏板都是稳固的实体，所以撑稳并不难，但由于水太过于柔软不实在了，因此在水中如何把水扣稳就变成游泳技术中最关键的一环。

○ 有利于水感形成的手臂姿势：高肘

怎样才是有利于水感形成的手臂姿势？我们以上述在水中手掌撑在墙面上前进的画面为例，如果身体要顺利前进，手掌的位置绝对必须比身体低，才能让体重有效地转移到手掌上，形成稳固的支撑点。高肘（肘高于掌）划水正是让手臂有效支撑体重的最佳方式。但如果只是像上图中依样画葫芦地用高肘划，又会变成像跑在跑步机上的履带似的划动流水而已。

想在水中形成稳固水感的方法在于：有效地让体重转移到前伸臂手掌的支撑点上，这才是根本之道！你会问：要怎么把体重转移到前伸臂呢？找一级阶梯做做下面的动作就可以体会了。

当阶梯越低或脚掌被人抬起时，前伸臂的压力就会增加，那是因为身体重心前移。所以，把体重转移到手掌的关键就在于躯干与下半身要高于肩、肩要高于肘、肘要高于掌。只要成功转移体重，手臂的力量也够，就能自然地做出高肘动作，水感也会自然形成。反过来说，如果你做到高肘仍划不到水，原因就在于还不能有效地把体重转移到手臂上，或是手臂的力量还无法承担。总之，高肘只是外在的招式，利用失重转移支撑的知觉是内在的心

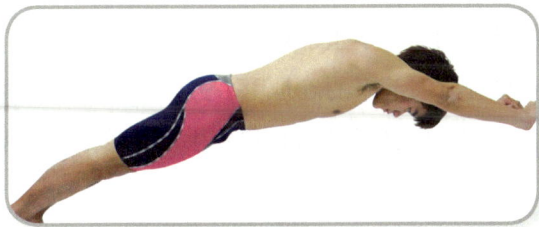

法。（许多人做不出高肘划水动作的原因是力量不够，下一章将详细介绍各种加强水感的力量训练方式。）

○ 水感形成的起点

◎当左手推水完毕，准备提臂的瞬间，正是水感形成的起点

　　了解水感如何形成之后，你当然还想接着问：那要怎么练才能加强水感呢？先别急（加强水感的体能训练将在本书的第2章详细介绍）。实际练习之前，还必须先知道**水感形成的起点刚好是在开始提臂的瞬间。为什么呢？因为提臂所造成的失重状态会突然加压到前伸臂上，那股压力会使水变得实在。**换句话说，水感的形成时机在抓水的瞬间。记得初学自由泳的那几年，游泳队的学长学姐常对我说："抓水很重要！没抓到水，后面都是白划。"虽然抓水看起来的确是用手去做抓的动作，但实际上手掌中所形成的水感是由于提臂时体重忽然转移到手掌上形成的（有关自由泳划手的5个阶段中的"抓水"，请见后面章节）。

○ 如何维持一贯的水感？

　　提臂之后，同侧的肩膀顺势滚转出水，由于此时部分身体出水，浮力因此降低，造成体重瞬间大于浮力，因此维持水感的关键就在于你是否能延续肩膀出水时所带来的加压感，而且把这股压力传导到水中的抓水臂上。这股因转肩失重所带来的压力，会让你的划水臂像压在实体物上（像前面举的墙面一例）一样，越能确实把失重时的加压感传导到水臂上，你就越能掌握到实在的水感。

　　想具体了解水感，用下面一个简单的动作就可以体会。先让手掌放轻松漂浮在水面上，接着手臂快速往下压，你会感觉水忽然变实在了！那是因为你花力气下压所造成的。你也许会问，那为什么不直接用手臂下压，而要利用转移体重的瞬间来创造手掌中的水感呢？答案很简单：前者要花自己的力气，后者所利用的重力则是"免费"的。再者，主动下压手臂时，变成直臂划手，反而会形成过大的水阻；反之，利用转移体重的方式所形成的水感，是不需要刻意下压手臂就可形成的，这是其中最妙的关键。肩膀持续上抬直到最高点（手肘来到离水面最远处）的过程中压力持续增加，掌臂中的水也因此一贯地逐渐实在化。

○ "免费"水感的终点

　　前面提过，水感的成因在于重量突然改变而形成加压感。所以，当手肘经过最高点开始落下时，"免费"重力所带来的水感就会消失。水感的形成是一个过程，当左手臂推水完成后抽出水面的瞬间，即右手水感形成的起点。接着左肩开始转出水面，形成失重形态，左肩从水底最低处一直向上提，直到手肘经过最高点的这段过程，浮力逐渐减少，右手掌的压力逐渐增加（划手在这段时间会经历抓水与抱水两个阶段），这正是水中那面实在的"墙"逐渐形成的过程。当左手肘经过最高点开始落下，以及右侧臀开始转向上的瞬间（也是左手准备入水时），即"免费"水感的终点。

○ 失重是因，水感是果

左侧失重的过程与右侧水感的形成是相辅相成的。前者是因，后者是果。失重的过程越长越稳定，水感的形成也越扎实。怎样才算稳定呢？简单来说就是身体在形成水感的过程中不要晃动。如果你的身体或右臂在这一过程中产生晃动，就会让前伸臂的水感无法延续。这也是下一章中"内力vs.外力"的重点。身体内在的核心力量要足，做动作时才不容易晃动，一晃动，水就从掌臂间滑掉了，稳定身体是维持水感的关键之一。

又何谓拉长失重的过程呢？如果右侧的臀部太早转动，会提早结束失重状态，右侧的加压感就会消失，此时必须重新加速划手以创造掌臂间的水压，这也是我们常看到许多人在失去水感后加速划动手臂的原因。因此，在"免费"水感的起终点间有件事要特别注意：控制住臀部，在手肘提到最高处之前，划手臂那侧的臀部不能转向水面。假如你太早转动臀部，失重造成的加压感被破坏，划动手臂的"免费"水感就会因此提早消失。臀部的转动也有其功能性，这会在下面的章节中提及。

别划得太用力

我们时常会划得太用力。其实，肌肉所需使出的力量只需刚好能够负荷体重即可，就算加快游速，手臂所承担的力量也不应超出身体在水中压在手臂上的力量，多出的力量都没有作用，反而会划空。

招式的精确度：划手的5个关键姿势

水感的心法已经揭秘，接着我们要开始一招招拆解自由泳的划手动作。虽然每个人都可以轻易在各种书籍或网站上找到自由泳的教学照片与视频，看起来不过是几个由两臂交替划水＋双腿交替摆动打水＋换气组合而成的动作，但很少有人能看出选手每一招中造成游得快与游不快的差别所在。

我们的确可以从众多优秀选手的不同泳姿中归纳出相同特征的招式：以划手动作来说，可分为**提臂、入水、抓水、抱水与推水**5个阶段；打水动作则是由大腿上半部的上提与下压，带动膝盖、小腿与脚掌像鞭子似的上下甩动；换气的共同特征是摆头向侧边进行吸气的时间极短，而且头一入水就开始吐气。外在的招式很简洁，三言两语即可说完，就像少林寺最基础的罗汉拳法，每一位少林弟子都会打，但招式的精准度、流畅度与力度的不同会让同一套拳法呈现出不同的境界。接下来我们会仔细一招招分析自由泳，知道招式的细节以后，才能要求身体精准地执行。

○ 第1阶段：指尖斜切入水 （Entry）——利落无气泡

▶ **招式要领：入水前，肩膀必须高于水面** （避免水阻），以中指入水；入水后，手掌朝向池底，此时**肩膀要立即贴近脸颊**（水阻最小），肩膀、手肘与手掌形成一直线，此直线与身体中轴线平行。

◎ 第1阶段：指尖斜切入水 （Entry）——入水的瞬间几乎刚好是抱水的终点（也就是推水的起点）

入水时，指尖要像刀刃一样切向水面

手指入水前的瞬间必须伸直手掌，以掌面朝向自己的方向，用食指、中指、无名指指尖斜插入水。有些教练与教科书要求入水时掌心朝外以大拇指斜插入水，但如此一来入水后还需把手掌翻正，否则就会划向外侧，造成身体左右偏摆。所以，最好一开始先要求自己以中指指尖入水，这样掌心自然就会朝向池底，入水后就不用多一个翻正手掌的步骤，有利于接下来的抓水。

手掌入水时需保持一定的紧绷感，才能像刀刃一样利落地切入水中，这样形成的气泡最少。很多人手掌入水时好像在和水面击掌，空气打入水中，使你只能抓到含有气泡的水，抓水的实在感自然降低，这也是水感不好的原因之一。

入水点在肩膀的延伸线上

以鼻头为中心点，向肚脐与胯下画一条贯穿身体的中线，手掌在入水时不应越过这条线。手掌的入水点在肩膀向前延伸的直线上，与肩膀连成直线且和中线平行。为什么不是在头顶入水呢？因为身体会左右滚转，当手掌入水时身体刚好来到双肩与水面持平的位置，但下一个瞬间，入水端的肩膀就会转到靠近面颊，此时会顺势把手臂带到接近中线。

入水点在肩膀的延伸线上

如果一开始就在头部正前方入水，手掌在转肩时会超过中线（见下页图），使后续的划水路径偏离前进的方向。另外，因为肩膀和手臂的重量会在入水时形成一股落下的力量，这股力量如果没有与身体中线平行，就会造成身体左右扭动。

错误的入水点

❌ 头顶前入水

❌ 超过中线入水

入水后，肩膀要立刻贴近脸颊

　　手臂完全入水开始延伸时，正是另一只手推水加速前进的关键时刻，此时阻水横断面的面积越小，加速的效果越显著，而减少水阻的关键方法就是入水后肩膀立刻贴近脸颊。

　　肩膀贴近脸颊除了能减少横断面所形成的水阻，也是为接下来的抓水做准备，因为抓水时肩膀要比手肘高，手肘又要比手掌高，这样才能提高水感的掌握度（前面谈论水感的章节已深入解释过理由）。

✅ 肩膀一入水就贴近脸颊

延伸与等待

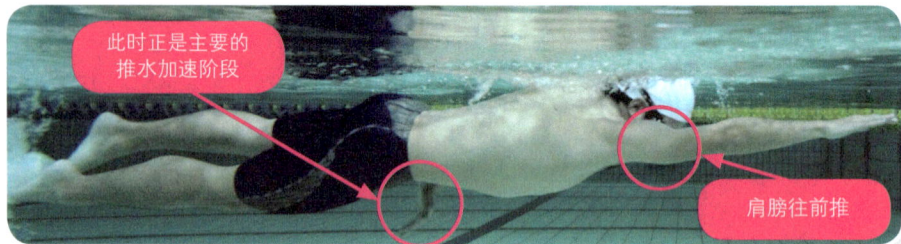

此时正是主要的
推水加速阶段

肩膀往前推

◎完全入水后的延伸动作。所谓的"延伸"即不单纯只是把手臂伸出去，实际上是滚转时把肩膀往前推，而非伸手掌

手臂入水后完全伸直时，另一只手刚来到推水阶段，正是身体主要的加速期，此时阻力越小越好。伸直的手臂除了可以加长划距，也能加长身体，因而可减少前进时产生的水阻，使推水加速的效益达到最高。所以，不要太早抓水，应该等到另一只手推水结束后才开始进行。

○ 第2阶段：掌心向后抓水（Catch）
——寻找新的支撑点

◎第2阶段：掌心向后抓水

▶ **招式要领**：肩膀到手肘（大臂）不动，利用手腕把掌心转向身体后方，寻求因提臂失重所产生的新支撑点。此时并非划手的主要推进期，而是全力推水的准备期。

掌心转向身体后方

准备开始抓水时，手掌要转向身体，这个动作可以顺势带动高肘，如果你一直做不好高肘抱水的动作，可以先从这个动作练起。注意下旋的部位是手腕而非指关节，也就是说掌面要保持水平而非弧形。手掌转向身后虽然是小动作，却是划手推进阶段中的最初步骤，

◎掌心转向身体后方

直接影响你后续的划水方向。如果掌心仍然朝向池底，很容易就向下压水，使身体向上朝水面移动。我们想要的前进方向是正前方，而非水面上方，所以先把掌心转向身体后方是划水过程中的重要动作之一。

想象在水中抓到一块固定于池底的板子

在"水感的奥秘"一节，我们已经知道躯干才是水中移动的主体，手掌和手臂是拉动身体前进的支撑点。所以，在抓水时应该是把身体拉向手掌，而非把手掌划向身体，两者虽然看起来是一样的动作，但前者才是掌握水感的关键。要点就在一定要有一方不动，形成支撑点，才能使另一方前进（手掌不动身体动）。在游泳时，尽量保持不动的支撑点正是手掌。

为什么一定要有一方不动才能前进呢？这里再举个简单的例子，我们之所以能靠走或跑的动作前进，是因为地面不动，脚掌形成固定的支撑点让身体移动向前进。假若改成在跑步机上，虽然跑步的动作和在操场上一样，你花了相同的力气，却很难向前跑。为什么？因为支撑于履带上的脚掌不断移动，所以躯干反而变成不动的一方。如果划的水是流动的，就跟在跑步机上一样，跑得气喘吁吁却没有前进。因此，在划手时必须扣住"静水"，划到不动的水才能让身体顺利推进，故我们可以把**"如何形成水感"**的问题，转

换成**"如何让手掌不动地抓在固定的静水上拉着身体移动向前"**。到此，你应能了解为什么划水的动作，像是在水中抓到一块固定于池底的板子，这样形容更能帮助你理解，为什么掌心朝前、朝下或朝外都不能让手掌稳固地抓住板子。

抓水是划手的5个阶段中最重要的一步，如果此时手掌无法形成稳固的支撑点，后续的抱水、推水都是徒劳，都是划空，就像在跑步机上跑步一样，很多力气都花在把水向后划上而已。

抓水的时机

抓水时机正是支撑点转换之时，也就是提臂的瞬间

当手掌离开板子的瞬间，也就是手掌推完水要离开水面的瞬间，正是前伸臂寻找新的板子（新的支撑点）之时，中间的转换要拿捏得刚刚好，才能使身体尽量保持等速前进。以力学原理来说，也正是如此：当手掌抽离水面时，刚好会因为另一边的肩膀出水造成浮力忽然减小（突然产生失重），使得**突然增加的体重压在延伸臂上，这个突然由滚转所产生的重力，正是抓水时水感形成的主因**。一方失重，另一方刚好加重。身体因肩膀滚转出水面所产生的失重状态，刚好让前伸手臂寻找到新的支撑点。

错过抓水的时机，会造成过度滑行（Over Gliding）而减速

自由泳动作的5个阶段区块图

开始抓水的时机在推水结束后提臂的瞬间

　　在手臂入水后，泳者会为了加长抓水的划距而过度伸手臂，就像是要抓到更远的板子一样。这当然没有错，伸得越远抓到越远的板子，你就越可以减少推水次数，进而节省体力，所以前一节特别强调手臂入水后伸展和等待的重要性。但如果过度伸展，反而会失去转换的时机。正确时机如前所述，应该在推水完成的提臂瞬间。如果直到提臂之后还没开始抓水，划手的前进效益就无法连贯，造成过度滑行。在水中因为水阻很大，滑行同时也代表减速。如果在比赛中要保持等速前进，那会使你每次划手都必须重新加速，十分浪费体力。你必须把重点放在**抓水的效率与时机上**，而非刻意追求长划距与低划频（可以参考本章的"划频vs.划距"）。

○ 第3阶段：高肘抱水（Hold）
——是身体通过手臂，而非手臂划过身体

入水的起点，正是抱水动作完成时

◎高肘屈臂抱水

▶ **招式要领**：抓水完成后内屈手臂形成高肘（肘高于掌），将抓到的板子稳稳地抱住，直到胸部的位置来到手掌上方为止（移动的是身体而非手掌）。

永远保持高肘状态

在划手过程中，手肘永远高于手掌，如此一来才会形成较大的抱水面积。就像用整个肘部以下的小臂和手掌一起扣稳板子一样，因为在抱水时手臂很容易从板子上溜掉（一般泳者间所谓的"划空"）。高肘的目的正是为了增加支撑面积，面积变大才能让整个手臂稳稳地撑在板子上，拉动身体向前进。这个通称为"高肘抱水"的动作，正是目前研究出来的世界上最有效率的自由泳划手方式。

◎抱水的时机是手掌入水瞬间

因为压力 $P = F/A$。

　　式子中的 F 为提臂时忽然施加在前伸臂上的力量，假设 F 是一个固定值，如果没有做出高肘的划水动作，就很容易将力量都集中在手掌，手掌的面积（A）很小，所以压力 P 会变大。因为水很柔软，只要压力一增加，就会像用筷子夹豆腐一样很容易把水划破。高肘的动作便是将支撑面积 A 扩展至整只小臂（甚至扩及大臂），此时面积大则压力下降，便像用汤匙舀豆腐一样，不易破碎，但还是需要稳定度、能够抵抗水压的力量以及柔软的肩关节，才能很好地完成这个动作。

　　试想：如果肘与掌在同一水平面上，或甚至像下图中掌比肘高，手臂支撑在木板上的面积会变小——剩下大臂的部分便很容易划空。从另一个角度来看抱水这个动作：是利用肩膀以下的大臂、手肘、小臂与手掌把水抱向胸怀。这个"抱"字正是说明抱水这个阶段就像你抱起小婴儿时不会只用手掌或小臂，而是用整只手臂的所有部分，让婴儿的重量靠在胸怀间。抱水的要领正是如此：用整只手臂把木板抱进胸怀间。

◎错误动作示范：没有高肘的手臂

抱水的终点

自由泳动作的5个阶段区块图

左手：	提臂		入水与延伸	抓水	抱水	推水	提臂	：左手
右手：	抓水	抱水	推水	提臂		入水与延伸	抓水	抱水	：右手

抱水的终点为提臂到最高点准备入水时

抱水与推水之间尚未有人画出一道明显的分界线，因为不容易说明清楚。但是我们已经了解"免费"水感的终点为手肘经过最高点准备落下的瞬间，这个瞬间正好可以当成抱水的终点。这个分界线可以让我们对抱水有更明确的认识：抱水时身体仍保持侧肩的姿势，肩膀和臀部都还没开始向上转动。如果双肩能保持较长时间的侧肩姿势，不但阻力较小，同时因为体重压在抱水臂上的时间延长，"免费"水感的时间也会加长。

第4阶段：推水（Push）
——完成划手动作，准备转换支撑

◎第4阶段：转动身体带动推水（Push）

▶ **招式要领：** 将手臂撑在你前面所抱的水（板子）上，利用转动的惯性将身体向前推出，直到手掌来到大腿外侧，手肘接近伸直才算完成推水动作。

推水、入水与延伸的动作同时进行

前面提过，延长抱水时间（也就是延长侧肩时间）的要领在于肩膀与臀部都要控制住，"免费"水感才能延续。直到何时才转动呢？直到你手掌上的支撑压力开始减小（也就是身体前进时所产生的水阻小于手臂支撑在水上的压力时），臀部才开始向上转动，而且转动要快，如此可以减少平游的时间。这项技术也可以同时带动转肩。

自由泳动作的5个阶段区块图

| 左手： | 提臂 | 入水与延伸 | 抓水 | 抱水 | 推水 | | 提臂 | ：左手 |

| 右手： | 抓水 | 抱水 | 推水 | 提臂 | 入水与延伸 | 抓水 | 抱水 | ：右手 |

推水、入水与延伸的动作同时进行

　　推水的阶段刚好是自由泳游进过程中加速最快的时刻，**因为身体的滚转会同时带动推水与打水，所以前进的速度会有加成效应**。臀部向上转动会使大腿与膝盖跟着往上带，与之联结的小腿与脚掌也会顺势向下甩动。另外，从开始推水到提臂之前，肩膀必须持续保持在向后伸展的状态，通过身体的滚转带动推水动作，但过程中手臂推水的方向要保持与水面平行，同时又要避免手掌在手肘伸直前就提出水面，这需要多次反复练习与足够强壮的肱三头肌才能做到。

　　通过身体的滚转同时激活推水与小腿下压的动作，正是让身体往前加速的动力来源，这也是之前提到的整合打水与划手动作共同加速前进的秘诀。**但臀部转动的幅度却不能太大**，因为臀部转动太大会连带增加打水的幅度，甚至形成双脚上下交叉的剪腿，使你像拖着下半身在向前游一样。

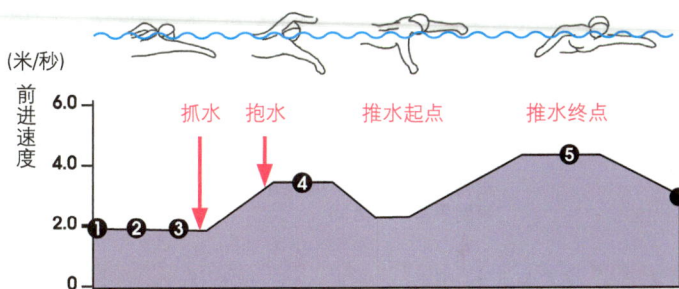

(米/秒)

前进速度

抓水　抱水　　　推水起点　　推水终点

6.0

4.0

2.0

0

◎推水后段是划手过程中速度最快的时期。推水初期因为身体水平，横断面的面积加大，所以速度递减

推水结束的瞬间，正是前伸臂碰触另一块板子准备抓水的时机

左手:	提臂	入水与延伸	抓水	抱水	推水	提臂	:左手

右手:	抓水	抱水	推水	提臂	入水与延伸	抓水	抱水	:右手

推水结束的瞬间，正是前伸臂碰触另一块板子准备抓水的时机

　　推水的过程中，另一只前伸臂还保持在尚未抓水的放松状态，此时因为身体最长，水阻横断面的面积也最小，所以推水动作期间正是划手过程中身体移动速度最快的时刻。推水结束开始提臂的瞬间，失重产生，体重同时开始压在前伸臂上，此时也正是抓水动作的开始。

○ 第5阶段：提臂恢复（Recovery）
——失重造就水感

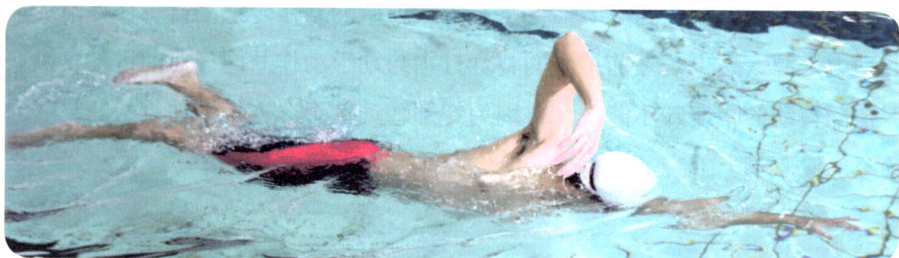

▶ **招式要领：** 手掌、手肘与手臂全部放松，只是随着转动肩膀把手臂提出水面。

提臂这个阶段位于推水结束到手掌入水之间

提臂阶段的起终点

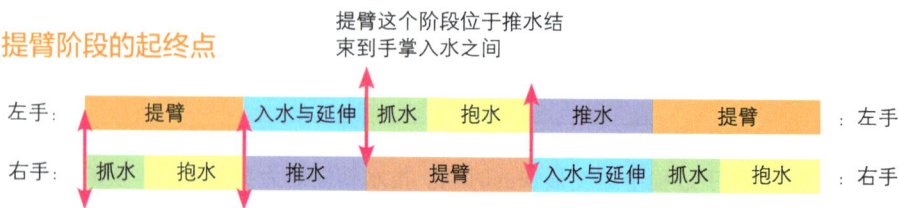

左手:	提臂	入水与延伸	抓水	抱水	推水	提臂	:左手

右手:	抓水	抱水	推水	提臂	入水与延伸	抓水	抱水	:右手

左手提臂的过程中，
右手已经经历了抓水与抱水两个阶段

提臂休息时也有许多窍门

推水完毕后直接放松手肘，只用肩膀同时把放松的大臂、手肘、小臂、手腕和手掌提起，这正是划手阶段中重要的休息时刻。

身体容易上下起伏的主要原因，是换气时间与手臂提出水面的时间过长。当你提臂或换气时，浮力变小，假如无法把体重导向水中的划手臂上，身体就会下沉，手臂入水之后又浮起，上下起伏的身体会形成额外的水阻，因而损失不少的宝贵能量。这个现象很容易观察到，只要你看到有人游进时，浮出水面的头部比例忽高忽低，就代表他有这个问题。

那该如何解决呢？很简单，从问题点着手：减少转头换气与手臂停留在水面上的时间。这里先谈后者。很多人游自由泳，手臂在水面上停留的时间过长，主要的原因是甩手动作。所谓的"甩手"是指在提臂前移的过程中，手掌离开身体的距离太远，造成移臂的路径过长。推完水时，手掌的位置应该很接近大腿外侧（大拇指几乎与大腿外侧相触），但很多人在提臂之后，手掌会高于手肘，以直臂的方式向天际画一个半圆；另一种情况是手掌虽然低于手肘，但手掌在前移的过程中却离肩膀太远，像在身旁的水面上画一个半圆似的。这两种情形都会加长提臂的时间。

最理想的提臂路径是：手指尖沿着肋骨侧，经过腋下、肩膀，最后在额前入水。手掌离躯干越近越好。这可以通过每次提臂时都用手指触碰一下肩膀来练习。你会发现，要做到这个动作，转肩的幅度就要更大。要加大转肩幅度，水底的肩膀就要更接近下巴。因此缩短提臂时手掌画过的路径，不但可以减少身体上下起伏的情况，还可以强化转肩的能力。就像前面一再强调的：转肩的能力越好，前进时的水阻就越小。

❌ 手抬过高、过久，身体容易下沉　❌ 手掌在身旁的水面画半圆，会增加提臂的时间　✅ 手掌沿着身体提臂向前

手臂会比手掌先入水，形成多余水阻

出水　入水　入水方向朝池底

◎ 直臂

出水　入水　入水的方向会导致身体偏摆

◎ 甩臂

出水　入水　力的方向和进行方向平行

◎ 正确的提臂

放松和用力一样重要

　　一流的游泳选手，除了具有优异的体能与熟练的技术，还有一项能力是许多人忽视的：操控肌肉用力／放松的精准度。越懂得放松的人，在水中消耗的能量越少，游起来自然越轻松。通常你在泳池中看到的那些游得优雅的人，就是懂得放松的人。对自由泳来说，划手的放松时机是在提臂与手臂入水前伸时。放松并非完全不用力，你必须保持些微的紧绷感，才能在另一只手臂用力推进时让身体保持在良好的低水阻位置。除了在上述5个阶段中可把提臂与入水归到放松的一方，把抓水、抱水、推水归到用力的一方之外，在划手的3个推进动作中，因为作用的肌群不同，当某些肌群在抓水用力时，到推水阶段反而是放松，所以整条臂膀并不是从抓水到推水都一直在用力。至于划手各阶段的用力／放松肌群，将在第2章以解剖图的形式详细说明。

总结自由泳划手的这5个阶段，我们的建议方式如下。

- 把抓水定义为手腕开始下压。
- 抱水的起点是手肘前的小臂开始下压时。
- 而臀部开始向上转动的瞬间定义为抱水的终点与推水的起点。
- 推水的终点是手掌开始上提的瞬间。
- 左手提臂的时间等于右手抓水与抱水的时间。
- 左手入水与延伸的时间等于推水的时间。

何谓前交叉？我们学得会吗？

自由泳动作的5个阶段区块图：前交叉

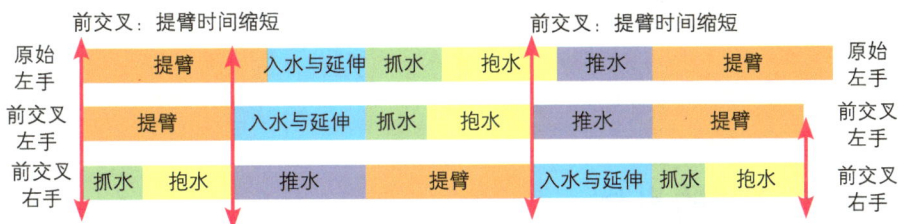

所谓"前交叉"就是缩短抓水与抱水的时间，加长推水的时间。你必须在抓水的水感已经练成，能够在极短的时间内抓稳水的情况下，才能用前交叉的方式划手，否则后续只会推空

所谓"前交叉"是指双手在额头前方交会。如果你注意看过菲尔普斯（Michael Phelps，2008年北京奥运会游泳项目8块金牌得主）的自由泳动作，会发现他两只手的交叉点非常靠前，提臂掌快要入水时，前伸臂才开始向后划。研究发现，泳技精湛的短距离自由泳选手，提臂时间都非常短，换句话说就是能很快完成抓水和抱水动作（因为提臂时间＝抓水和抱水时间），这使得他们的推水时间相对来说加长许多，看起来就会形成明显的前交叉。但对于你来说，你必须在已经练成坚若磐石的抓水水感，而且能在短时间内抓稳水的情况下，前交叉的技术对你才会有用，否则只会加长后续推

空的时间。所以，当我们看到像菲尔普斯那样的世界顶尖游泳选手的前交叉技术动作时，最好不要直接模仿，而是先练熟抓水、抱水、推水的水感与力量，再开始慢慢缩短抓水与抱水的时间。往前交叉的技术迈进才是正确的训练途径，而非直接跳到最后一步，模仿前交叉的动作。

让你游得更轻松有力的转肩技术

滚转除上述减少水阻的目的，还有其他多项好处。

- 避免肩膀受伤。
- 帮助手臂恢复。
- 辅助提臂之后让手掌切入水中。
- 入水后帮助手臂伸展以增加划距与身体的长度。
- 辅助大肌肉与核心肌群的激活。

○ 没有滚转的身体

我们先谈谈前两项，为什么滚转可以避免受伤与帮助恢复呢？

请你先平趴在地面上，胸口、腹部与大腿都贴住地面不要离开，接着把左手往前伸，想象你在游泳时抬起右手，往空中移臂时，手掌末端必须高于耳际的水平线（因为你在水中时手掌一定要抬出水面才能前移）。发现了吗？如果胸口不离开地面，尽管你柔软度很好，也很难做到这个动作。你必须拉紧肩膀的三角肌才能提起手臂，因此既不容易达到放松的效果，也容易拉伤肩关节。

水平面（侧拍图）

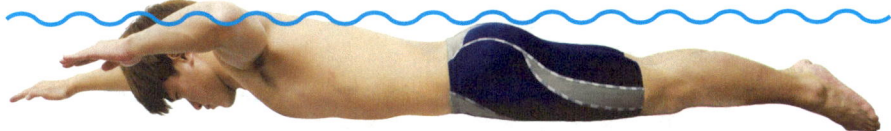

❌ 因为没有转肩，手臂很难提出水面

入水的方向

身体的前进方向

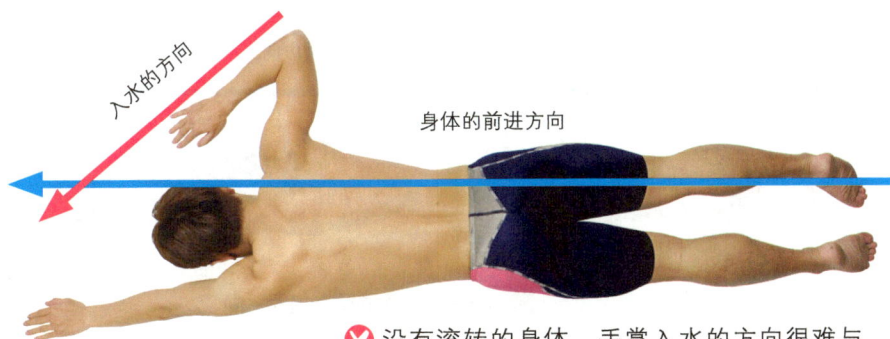

❌ 没有滚转的身体，手掌入水的方向很难与前进方向平行

　　你会发现，如果肩膀不抬起来，不仅手掌很难离开地面（如同推完水后手掌很难抬离水面的感觉），也不容易往前伸，而且此时你的手掌会在手肘的前方，变成手掌引导提臂，如此一来入水时手掌就很容易超过身体中心线，造成身体的左右偏转。所以滚转不仅让提臂变得更轻松（让复原手放松），而且使手掌能够轻易在身体正前方入水。

○ 滚转的身体

　　同样请你先平趴在地面上，右手保持前伸，此时如果你把整个身体侧过来，左手掌很容易抬高超过耳际线，表明提臂时肩膀可以很放松地抬出水面。

水平面

身体的前进方向

入水的方向

✔ 手臂入水方向与前进方向平行

　　利用滚转身体的提臂动作，纯粹只是"提高"同时"前移"，不像是平面式没有滚转的身体，会使手臂在入水时形成左右转动的侧向力。相对地，滚转的身体会让手掌在入水时，可以很自然地沿着身体的中心线前伸，不只加长身体的吃水线，也会让身体始终保持直线前进。滚转也能避免肩膀产生过多冲击，造成关节受伤。

○ 滚转泳姿训练法——在背上绑一根棍子游

　　找一条自行车内胎与一根1~1.5米长的棍子，绑在背上，如果你提臂时手肘会撞到它，就代表你滚转还不够。

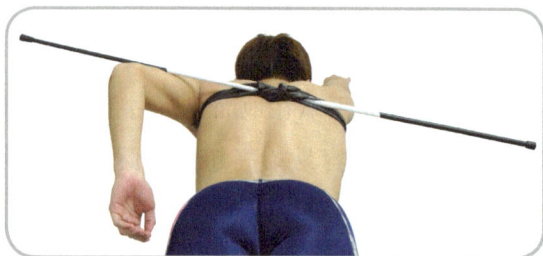

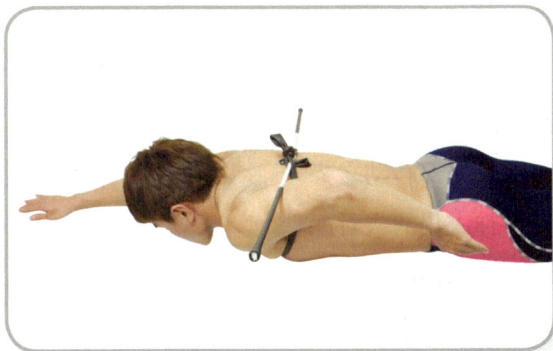

❌ 没有滚转的身体，提臂时手肘会碰到棍子

✅ 假如身体确实滚转，提臂会变轻松，手臂的任何一个部位都不会碰到棍子

◆　注：上述照片皆是陆上示意图，旨在说明滚转动作的目的，真正在游泳时臀部转动的幅度要比肩膀小很多。

○ 滚转是把垂直位能转化成前进动力的技术

此外，还有一件常被忽略的事情：虽然我们是向前游，但向前游进的身体不只是水平移动而已，它也随时处在垂直的位移状态中——当左边肩膀抬高时，手臂顺势往上提，凭借重力，手掌先切入水中，左肩接着入水（此时右肩同时"滚"到水面上），这正是把垂直的位能转换成水平前进动能的关键步骤。如此交替循环，从水面上降到水面下的前伸手，正是把身体不断往前带的动力源之一。最棒的是，它利用重力，完全"免费"，如果能善加利用，可省下许多力气。

所以，其实泳者正是通过转移身体重心，把身体左右滚动的垂直位能转换成前移的水平动能，带动身体前进。我们可以想象成骑自行车时利用体重压下踏板，让轮子前进。自由泳的滚转机制，也是利用同样的物理原理，当一侧的身体从高处落下的同时（也就是手掌准备入水的同时），另一侧的前伸手是利用双肩传导落下的力量来辅助抱水动作（技术高超的泳者会像钉在水中的一块固定的木板似的），顺着臀部转动之势向后推水。那些能把自由泳游得出神入化的人看起来划频慢但速度却飞快的原因，正是他们能掌握其中的微妙之处，像是自行车的机械设计原理般，把垂直的位能完美地转化成前进的动能。

○ 臀部在滚转身体时扮演的角色

前面提到"免费"水感的终点正是臀部开始向上转动的时刻，以右侧臀部为例，与此同时右肩开始向上转动，右手借助身体的转动惯量顺势向后推水，左肩开始下降，左手掌开始入水，右臀顺势拉起大腿而连带使小腿下压。这一连串的动作正是失重状态造成的。但在采访许多教练与选手的过程中，笔者却发现同样的动作有两套截然不同的操作方法：有些选手是由上半身的转肩带动臀部与下肢，有些却是将腹背核心肌群的转动力量分别向上和向下传送到肩膀与四肢。采访的过程中笔者在"到底哪个才'对'"的困惑中挣扎。

最后，在和许多游泳教练与选手讨论之后，我们的结论是这两种方法并没有所谓的"对"与"错"之分，重要的是哪一种比较适合你。对六打法[1]与短距离的冲刺型选手来说，他们认为自己是以肩膀的滚转为发力起点，滚转的连锁效应到臀部就应该控制住，使其转动的幅度降到最小。因为冲刺时，肩膀转动力量大、打水频率高，为避免上半身因打水动作造成多余的晃动，臀部扮演着缓冲的辅助者的角色，**而非身体滚转的启动者**。

1　Terry Laughlin.轻松有效的鱼式游泳[M].项国宁，译.台北市：联经出版事业，2007：19.

　　但对二打法[2]或长距离游泳选手而言，大都认为臀部是所有滚转动作的触发点，当抱水完成后，臀部的转动可以同时带动推水与打水，实现手脚同时施力。另外，处于身体核心位置的臀部具有较大的转动动能，把发力的起点转移到核心部位能减少手脚的负荷，因此能游得更长，所以许多二打法的长距离游泳选手都偏向这种游法。

　　这两种方法的拥护者都认同的是：臀部在抓水和抱水阶段要控制住，不能太早转动。如果在抓水与抱水时臀部就向上转，体重就无法有效地转移到前伸臂上，"免费"的水感就会提早消失。

◎抱水完成后臀部开始向上转

划频vs.划距

○ 划距：划手次数越少越好吗？

　　何谓划距？照字面上的意思，我们常会误以为是每一次划手时手掌在水中移动的距离。若你也这么认为的话就一定会认同：长划距就是手臂入水后尽量向前延伸，推水时尽量推到底。

　　《轻松有效的鱼式游泳》（*Extraordinary Swimming for Every body*）的作

2　每划两次手的过程中双脚共踢6下水。

者泰瑞·罗克林（Terry Laughlin）曾对划距下了一个完美的定义：**划距是一次完整的划手循环中，身体所前进的距离。**[3]

这个定义告诉我们，划距是你每一次划手过程中身体前进的距离，而非手掌划动的距离。在这个定义下，一个划距很长的人，身体在划手过程中造成的阻力很小，而且水感很好，每次划手都能够确实抓／推到水，才能实在地扣住水让身体前进较长的距离。

○ "滑行"在游泳的世界里不是个好词！

让我们再深入思考一下：划距越长越好吗？

划距只考虑到身体移动的距离，而没考虑到移动的状态，也就是速度的变化。如果只是一味地强调划距，身体在前进的过程中就会滑行，反而有损效率。为什么呢？试想：在完全水平的道路上骑自行车，当你持续加速到车速40千米/小时，就停止踩踏让车子自由滑行时会发生什么事？此时你和自行车会因为风阻和摩擦力的关系开始减速。要再加速就必须消耗额外的能量。滑行和减速是齐头并进的。

设想下面两种自行车的骑行方式，哪一种比较有效率？

1. 在车速降到30千米/小时时开始踩踏，当车速恢复到40千米/小时之后又开始滑行，如此踩踏／滑行反复进行（假设平均速度为35千米/小时）。

2. 连贯地踩踏，保持等速35千米/小时前进。

经实验证明，第一种方式因为滑行后需要不断进行加速，所以耗能较多，第二种方式较为省力。

3　Terry Laughlin.轻松有效的鱼式游泳[M].项国宁，译.台北市：联经出版事业，2007：19.

为什么每次划手都觉得水很重？

因为滑行的另一层意思就是等待，等待另一只手开始划水期间速度就会开始下降。等待也代表交替的停顿，因为等待的同时，你会失去划手的节奏感与流畅度，而且滑行状态中速度必然会下降，所以在下一次划手时就必须重新加速，**因此水会变"重"**！

长划距的确有其优点，但不能只顾及它而牺牲划手的节奏感与流畅度。只要划手的过程中有停顿的死点存在，就会有损效率。完美的划手动作应该非常流畅，双手交替几乎没有停顿感，让身体以稳定的速度平滑前进，每一次划手都只是在维持速度，而不必重新加速，所以**会感觉水比较"轻"**。这正是厉害的选手看起来划得很轻松的原因。

重新加速比维持等速费力许多

当你滑行的距离越长，所造成的停顿也相对越严重。那会破坏你划手的节奏。我们再回到自行车的例子：想象骑车时你每踩一下就开始滑行会怎样？没有踩踏就会不流畅，也无法保持节奏。不管游泳或骑自行车，滑行时必然会减速（水中阻力较大，减速更严重），而且在滑行到下一次划手的过程中，你必须重新加速，反而更费力。

你有过这样的经验吗——在加长划距时，感觉每一次推水都很重，好像需要更多力气才能保持长划距的游法？那是因为每一次划手都必须"重新加速"你的身体！应避免过度滑行的元素，两次划手之间不要再减速，这样你将划得更轻松。

保持流畅度与节奏感才是提高效率的关键

优秀的游泳选手在水中快速前进时似乎总是动作流畅且充满力量。如果你有机会见识到他们在水中的划手动作，会发现他们划手的过程中不会摇晃、没有停顿、不去突然猛力推水，也没有不流畅的死点出现——时机的掌握与节奏感都接近完美，从上一次划手到下一次划手之间几乎没有缝隙。

在20世纪末，各个年龄层的游泳选手或铁人选手都倾向长划距的游法——越长越好。当时为人们普遍接受的理论是，划得越长越有效率。但当今的游泳选手已经了解到，对自由泳来说高效率并不只限于长划距这一项构成因素，不但如此，过长的划距因为会产生停顿的死点以及滑行时造成的减速，反而降低了划手的效率。

○ 划频：到底该划多快才对？

所谓"划频"是指你每分钟的划手次数（两手一起算，每次提臂后手指入水时算一次）。

知道自己的划频很有用，你可以借此了解自己划手的节奏和时机。过慢的划频代表手臂移动太慢，使你在划手过程中出现太多停顿点，身体无法圆滑地前进；划频太快则代表你的划手没有效率，很容易造成"划得快却前进不快"的情况。

个子越高，手臂越长，划频越慢

知名游泳选手索普（Ian Thorpe）[4]在比赛时的划频为75次／分钟，所以我们当以此为标准吗？但你要知道索普的身高有196厘米，两臂张开长达198厘米，手掌是一般亚洲男士的1.5倍大。在不同的基准条件下，不同的人当然适合不同的划频。

4　14岁的索普已经成为澳大利亚游泳国家队的队员，1998年在世界游泳锦标赛中赢得400米自由泳金牌，成为史上最年轻的世界游泳冠军。他曾打破13项50米泳池的世界纪录，而且是唯一在同一届奥运会中取得100米、200米、400米自由泳奖牌的选手。

　　首先你必须知道自己的划频。你可试着先以习惯的速度划10下手看花了多少时间（不要用力划，以你正常的速度划）。假若花了X秒，你的划频就是：$10 \times (60 \div X)$。

　　过慢划频的泳者常常会陷入长划距的迷思，我们建议你先找出划距与划频之间的平衡点。过慢或过快的划频都会失去效能，你必须找到适合自己每一种游速的有效划频。

　　前文我们给划距下的定义为：每一次划手过程中身体前进的距离。在你增加划频的过程中，划距也要保持一定，这才是真正的进步。如果因为增加划频而使划距变短，就只是空划，失去了原本抓水的实在感，反而得不偿失，浪费多余的力气。

　　究竟你适合高划频还是低划频呢？通常身材越高大的人，手臂越长，划手时因为手臂较长，划频会比身材矮小的人慢。总之，不管速度、手臂长度为何，最佳的划频是尽量保持稳定的速度前进。如果你发现有一再滑行又重新加速的情况，可能就要加快划频，或是注意划手的节奏与流畅度。

2011年女子1500米世界冠军

　　2011年游泳世锦赛的女子1500米冠军，是来自丹麦的选手洛蒂·佛里斯（Lotte Friis）[5]，她的划手方式完全不同于男子冠军孙杨，频率相当快，而且以接近直臂的方式提臂。我们可以从2011年游泳世锦赛1500米自由泳男女冠军的动作中发现端倪，两位的游法截然不同，却同样把自由泳的特色发挥得淋漓尽致。从下表我们可以看出两人在划手次数上的明显差别。

5　美国的1500米自由泳世界纪录保持者齐格勒（Kate Ziegler）以15分55秒60获得银牌，铜牌获得者是中国选手李玄旭（15分58秒02）。

		孙杨	洛蒂
平均每50米划手次数		29	45
平均每分钟划手次数		61	85
1500米的总划手次数		884	1361

从上表可知，孙杨游1500米所用的划手次数，洛蒂只能游1000米（光是1500米两人的划手次数就相差了477下之多）。另外，在比赛一开始，洛蒂虽然立即取得领先，但她的分段时间却随着比赛的进行，与世界纪录的差距逐渐拉大（比赛进行到一半即750米时，她离世界纪录只差0秒84；但最后破纪录的孙杨却还有接近3秒的差距），从这里也可以让我们了解为何孙杨可以到比赛的后半段还能逐渐拉近与世界纪录的距离，到最后甚至还有足够的体力一股作气打破世界纪录，但洛蒂却不行。因为孙杨的游法比较节省能量，所以到后段越游越快。

洛蒂在2011年世锦赛1500米项目的成绩分析					
剩余距离	500米	400米	300米	200米	100米	终点
累计时间	10分31秒51	11分35秒30	12分38秒95	13分43秒11	14分46秒95	15分49秒59
分段时间		1分3秒89	1分3秒65	1分4秒16	1分3秒84	1分2秒64
离世界纪录的秒数	3秒15	3秒60	3秒78	4秒57	5秒10	7秒05

2007年6月17日由美国女选手凯特·齐格勒（Kate Ziegler）所创下的世界纪录为15分42秒54。

换气不是学会就好！

除了转头吸气，头在水面以下时要一直保持吐气的状态，切勿憋气，吐出的气泡量最好保持等量，而且吐气时不要忽快忽慢。这种小技巧，可以帮助你游得更自在。

○ 在水中用鼻子
稳定吐气可以游得更轻松

如果在水中不吐气，浮出水面换气时就必须同时吐气与吸气。同时要做两件事，时间自然会拉长，因此头就会刻意抬很高，以争取口鼻浮出水面的时间，造成身体在换气时上下起伏太大。头抬得越高，下半身就越沉，同时形成多余的水阻，游起来当然就比较费力。这时只要能先在水中把空气吐掉，转头时只进行吸气，即能改善这个问题。

除了节省换气时间，其中最重要的一点是：**憋气时你的身体是紧绷的。** 大部分人在吸完气、脸部入水之后会先憋气，那会让肺部与横膈膜处于紧绷状态。你可以试着吸一口气憋在身体里10秒，接着吐出——是不是有松一口气的感觉？因为吐气就是放松，每一次换完气都松一口气，你会感觉游起来更舒服。

另一个原因是当你憋气时，肺与血液中的二氧化碳浓度会增加，大脑会因此发出"不要再憋气啦！快点呼吸啦！"的指令，要求你尽快释放出身体里的二氧化碳，同时感到一股对空气需求的迫切性。但如果你在水中保持吐气，二氧化碳有了出口，对空气需求的那种迫切性也会随之降低。当然，游起来就会舒服多了。

你可以想象在地面上从事其他运动时，在每次吸气进来之后先憋气3秒再呼气，不管做什么是不是都变得更艰辛？游泳也是一样，吐与吸之间保持连贯，不要憋气。

另外，肺中有太多空气会造成上半身太浮。因为身体就像是一块跷跷板，当你上半身因充满空气而向上跷时，下半身就容易下沉。总之，在水中保持稳定的吐气，是游泳最重要的基本技术之一。它可以让你游得更轻松。

○ 两边换气有助于矫正划手姿势

划手上的缺陷大都发生在换气过程。为什么呢？因为在换气时，我们会把注意力放在呼吸上，而失去划手的专注力。所以，如果你一直用单边换气，划手动作中的某部分细节就会一直被忽视。

大部分人换气时，或多或少会打断原有的划手效率与流畅度。这也是为什么游泳选手在冲50米时，都会尽量减少换气的次数。虽然游长距离时不可能像短距离冲刺一样减少换气次数，但这可以让我们仔细思考如何才能增加换气时的划手效率。

最好的方式是学会两边换气。如果总是用同一边换气，划手的整个过程中就会有某几个点一直被你忽视。举例来说，如果你一直是右边换气，在换气过程中很容易忽略右手抱水与推水，以及左手向前延伸与抓水的动作，因为左手在抓水的同时，你永远在换气。所以，只会右边换气的人，左手常会有许多缺点被忽视：如手掌太早压水以及手肘下沉等问题，都会严重影响划手的效率。

每划3次手换一次气，能改善换气时产生的划手问题。因为在3次划手的过程中，左右手总有一次是不用换气的，所以你能完全专注在划手的动作上。

有些身材较高大的泳者会觉得划3次手换一次气是个大挑战，因为他们的划频较慢，间隔时间较久；相对地，某些身材矮小的泳者因为划频比较快，甚至划5次手换一次气也不觉得困难。

总之，划3次手换一次气，对所有泳者来说，是比较合理且能培养优秀划手技术的方式。

○ 利用腹式呼吸让下半身浮起来

一般人呼吸都只是把空气吸到肺部就停下来了，接着就把空气吐出去。这也是我从开始学游泳到当教练以后仍使用的呼吸方式，直到我开始学习腹式呼吸之后，发现下半身更稳定而且离水面更近了。因为腹式呼吸可以调动腹横肌，而腹横肌正是稳定脊椎中立位的重要核心肌群，它可以帮助你在换气时稳住身体。

前面也提过多次，身体就像一块跷跷板，上半身的浮力本来就比下半身大，如果每次换气时都把空气吸进胸腔里，下半身密度太高的人就容易沉得更多。

在某一次"体能训练法"课程中，我学会了利用腹式呼吸一股作气举起杠铃的方法。此种呼吸法是利用核心肌群，把腰腹撑开，此时空气会被这股力量吸进腰腹中，放松后空气又会自然吐出去。

一般人会把腹式呼吸当成让腹部向前膨胀起来就行了，但有利于游泳的方式是要稳住小腹，控制腰腹间的深层肌群，让它们向四周张开，但又不是让肚皮向外胀大，是类似瑜伽所说的"脐锁"或是"内吸肚脐"，让下腹部保持紧实有力。你可以在练习时分别用左右手掌贴着小腹和肚脐后方的腰际，试着控制你正抚按住的腰腹肌肉，让它们分别以同等幅度向前后撑开。尤其是后腰处，只要手掌感觉到脊骨两侧的腰方肌（quadratus lumborum）向外撑开，就代表你已学会使用后侧的核心肌群进行腹式呼吸。当你学会边游泳边采用腹式呼吸之后，等于是将肺部的功能扩大了。

两条腿在水中的功用为何？

打水的目的为何？这个问题对竞技型游泳选手、铁人三项选手、成人后才学游泳的初学者、刚学游泳的孩子答案各不相同。

○ 我们没有鱼尾巴，上下摆动打水不符合经济效益

虽然世界上有各式各样的鱼，但鱼尾巴有几个共通的特性：尾鳍面积大且特别柔软，可摆动的尾部由多个关节组成，因此可流畅地像甩动的鞭子般摆动。但人的脚掌面积不但非常小（所以那些目前许多世界游泳纪录的保持者都有异于常人的大脚掌），而且只由踝、膝、髋3个关节构成的腿部无法像鱼尾一样形成流畅的鞭状摆动，由于这两个原因，双脚上下摆动打水前进是非常不符合经济效益的，也就是说花相同的力气却无法获得和鱼儿一样的推进效果。

自由泳打水的目的常被人误解是为了推进。经过分析，世界顶尖的竞赛型游泳选手，在自由泳推进所花的力量中，打水只占其中的10%~15%（竞赛距离越短，打水的推进效益越高；反之，距离越长则越低）。

世界顶尖的竞赛型游泳选手打水技术都已经炉火纯青，才有可能在短距离项目中带来10%~15%的推进效益，而非拉住身体的阻碍。所谓炉火纯青的打水技术是指手脚完美的协调性，使每一次打水都有助于划手以及整体的前进，并非划手占85%、打水占15%的推进力，否则会变成类似汽车前后轮独自运作的结果，两者会互相牵制，反而使打水形成拖曳前进的速度。

想象在水中钻过一个洞，身体位置越接近水平，可钻过的洞就越小。但是，当身后的双腿踢得越深越用力，你就等同于在浪费力气。因为你等于是在身后挖出了一个水中的大洞。

脚趾指向身体正后方。想象一下落下的雨滴形状——前端圆、后端尖。如果脚尖朝向水底，后方的尖端面积就无法保持，因而形成较大的拖曳阻力。打水动作的主要目的是保持身体平衡，进而减小身体的横断面面积。除非你是短距离冲刺型游泳选手，否则尽量不要利用打水来推进身体。那会大

量耗损你的能量，而且推进效能不佳，大部分的力量会被打水过程中带来的阻力抵消。但是对50米冲刺来说，则无须考虑效率，因为冲刺的目标是在1分钟内把体能快速转化为前进的动能，所以尽管打水只能帮助增加15%左右的前进效益，在短短数十秒的比赛中却是制胜的关键。

打水越用力，阻力也越大。这通常是无法避免的，因为由3个大关节组成的人类双腿不够柔软，无法像鱼尾巴那样进行鞭状打水。所以，自由泳打水的第一目标，仍应放在减少阻力、保持身体的正确位置上。那么这是否意味着应该忽略自由泳的打水呢？

○ 腿部是水感的贡献者

对初学者来说打水的效益更低，因此我们必须先反转对自由泳打水的观念："我们没有鱼尾巴，靠下半身打水来推动身体前进并不符合经济效益。自由泳打水的主要目的不在于推进，而是保持身体在水中的平衡与正确位置，让它们成为水感的贡献者。"

也许有人会听得云里雾里，什么叫"成为水感的贡献者"？我们之前一再描述的双脚都像是身体在水中的累赘似的。但从另一个角度（正面的观点）看，双脚其实是身体的延伸，是浮力的辅助者。用具体的画面解释，当双脚高于水中前伸手（准备抓水的手臂）的位置时，体重才能够传输到手掌与前臂，水感的实在度也能因此提升。也就是说，越大比例的体重压在手臂上，手掌中水感的实在度也能跟着增加。

你可以试试下面的动作：两手撑在阶梯上，双脚逐渐远离手掌的支撑位

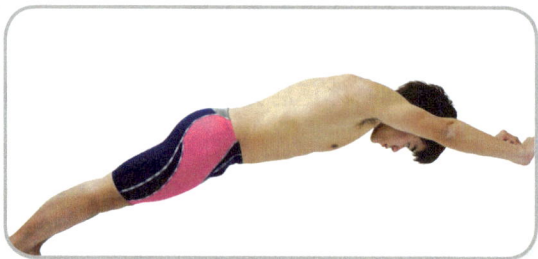

置。你会发现手掌上用于支撑的力量越来越大，这是因为你把更多比例的体重从下半身移到手上。如果可以，把身体侧向一边，再把其中一只手掌移开。感觉到了吗？支撑手的压力剧增，因为现在体重都压在上面。

在陆地上，你可以确切感受到手掌支撑在阶梯上的实在感，但如果换成水呢？道理仍是一样。在水中的改变是，浮力撑起了你的身体，实在的阶梯变成不实在的水。那我们如何在水中创造如同陆地上支撑在阶梯上的实际感受呢？答案是：把更多的体重压在手臂上。此时，下半身的位置就成为关键所在。

◎臀部或脚的位置太低，都会减少体重传输到手臂上的压力

再回到陆地上双手撑在阶梯上的动作，如果此时你的双脚轮流移开地面会发生什么事？你会发现，手掌支撑的力量变得不稳定。移到水中时，就等于不断破坏手掌撑在水中的实在感。**那为什么优秀的选手可以在高频打水过程中掌握到水感呢？因为他们的核心肌群提供了极佳的稳定性，不让打水的动作破坏手臂支撑在水上的实在感。**举个比较动感的例子：你可以想象肚皮舞娘快速摆动臀部，但上半身看起来就像坐在教堂的椅子上般平静安稳。优秀的游泳选手也有这样的能力。

总而言之，其一是上半身要够稳定，水感才能实在，而一开始想要有稳定的上半身，应该避免过度打水，接着要强化核心肌群的稳定能力；其二是利用浮力提高双脚位置，才能把更多的体重分配到前伸臂上，水感的实在度才能提高。这两点正是让腿部成为水感贡献者的奥秘所在。

○ 最有效率的打水方式：利用臀部激活双腿

我们接下来说明增进打水效率的几项要领。

大部分的初学者在刚开始学习自由泳打水时，都会先用膝盖打水。原因有二：其一是膝盖是易弯曲的腿部关节，如果大腿的力量不足，在下压时很容易过度弯曲；其二是尚未发展鞭状打水所需的知觉。

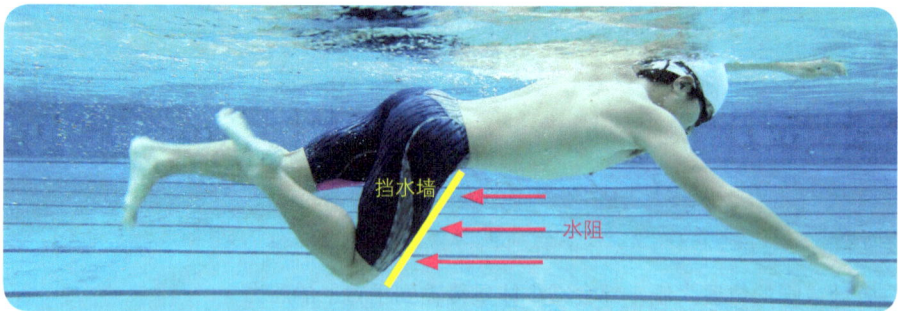

◎膝关节打水会造成过大的阻力

驱动膝关节打水会形成过大的阻力，也会使双腿下沉。改进的重点在于：把施力的支点往上移到臀部。只要能利用臀部与髋关节发力，大腿、膝盖、小腿与踝关节只是随着施力点上下摆动，越接近脚掌的部分，肌肉所承担的力也越小。也就是说膝盖、小腿和脚踝比起大腿要更放松，利用臀部发力，这股力量通过大腿带动小腿上下摆动。

　　对长年从事自行车与跑步运动的人们来说，要避免膝关节打水是很困难的。因为骑车与跑步动作都必须弯曲膝关节形成推进力量，这样的习惯很容易带进水里。当你弯曲膝关节时，大腿就会形成一面"挡水墙"，这样的打水方式几乎无法形成推进的力量，反而形成极大的阻力，减缓划手前进的速度。

　　当然不可能完全不让膝关节弯曲，但弯得越少，就越能减少"挡水墙"的面积。打水过程中的施力方法是：下压是利用髂腰肌群[6]中的大腿前侧肌群（股四头肌[7]），下压至最低点时要及时用臀部肌群与大腿后侧肌群（股二头肌）将腿上抬，这个过程越是流畅，膝关节、小腿与脚掌就会越像甩动的鞭子。但要达到鞭状打水的功力，必须有较强的大腿与臀部力量才行。这些能力将在下文中介绍。

6　包括腰大肌（Psoas major）和髂肌（Lliacus）。
7　包括股直肌（Rectus femoris）、股外侧肌（Vastus lateralis）、股内侧肌（Vastus medialis）以及位于股直肌下方的股中间肌（Vastus intermedius）。

02 打造适合游泳的身体

很多游泳爱好者都有这样的感叹："那些游泳技术我都钻研透彻了，为什么就是游不好啊！"语气中透露出无奈与不甘。其实，做不好第1章中所谈的技术动作，有时并非领悟力不够，也不是因为没有游泳的才能，大多是因为你的体能尚未达到。像是前伸臂一直会下沉、肩膀抬不起来、无法做到高肘抱水、身体滚转时会左右摇动……由于游泳所需的基础体能尚未建立，技术动作必备的力量、柔软度、稳定度与平衡感尚未达到，因此你做不好前面所谈的技术动作。

你可以在这章学习到游泳所需的力量与体能的训练方式。诚如前面所说，你必须先知道正确的技术动作为何，先把那样的技术动作放在脑海中，接着逐步打造适合游泳的身体，脑中的技术动作就会慢慢烙进身体里头去。就像是软件和硬件的关系，再好的程序代码也需要有同等级的硬件搭配才能有效运行。在第1章我们已经清楚地用图片与文字把招式描绘出来，把方法解释清楚；接着，我们将教你如何训练才能让身体做好那些技术动作。

训练各阶段划手所需的力量

从开始提臂到入水延伸所用到的肌群

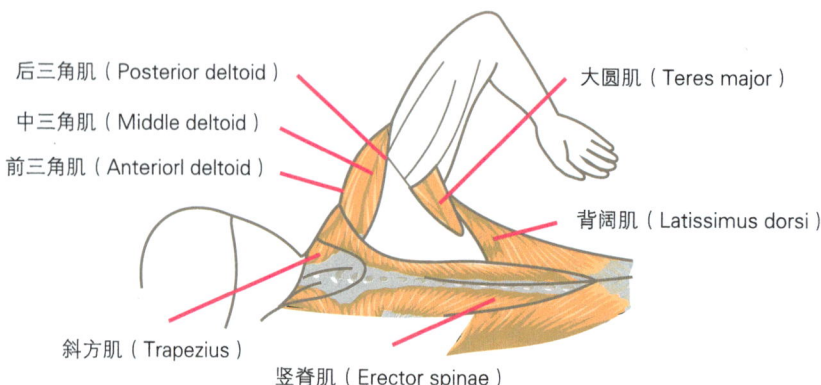

后三角肌（Posterior deltoid）
中三角肌（Middle deltoid）
前三角肌（Anteriorl deltoid）
斜方肌（Trapezius）
竖脊肌（Erector spinae）
大圆肌（Teres major）
背阔肌（Latissimus dorsi）

在提臂、前移、入水与延伸过程中，三角肌群是最主要的动作执行者（辅助肌群为斜方肌与大圆肌），它是由前、中、后3条肌肉所组成的。

虽然3条肌肉不可能独立运作，但是研究发现，向后推水完成后刚开始提臂时主要用到后三角肌与背阔肌，而肩臂前移与入水主要用到前三角肌，尤其前三角肌更是在入水后手臂的延伸与保持稳定度上扮演最主要的角色。

训练方式

利用弹力绳。脚踩住一端，另一端以手掌抓住上拉。亦可使用哑铃的替代动作。

另外，提臂时刚好身体处在最不平衡的状态下，所以也需要调用能让身体保持稳定的背阔肌与竖脊肌；接着需要强化的，是在入水之后保持同侧的肩、肘、掌、腹、臀、腿在同一水平线上的稳定能力，这属于内力的锻炼，我们将在本章的另一小节说明。

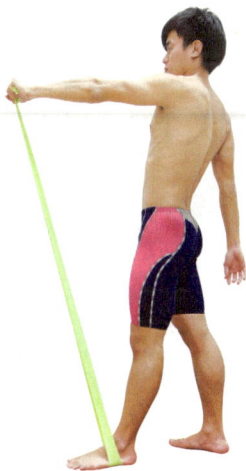

○ 抓水所需的力量

抓水可以说是游泳中最关键的动作，因为如果一开始没有确实抓到水，后续的动作都是在白做功。当然，能否确实掌握到水感，除了技术优劣，也与你目前的体能（包含力量与稳定度）有密切关系。如果手臂前伸时某一组肌群无法承担当时前进时所负荷的水阻，就像是链条断了一环，手臂的位置会跑偏，不但会降低接下来要抓水的水感，也会形成多余的水阻。

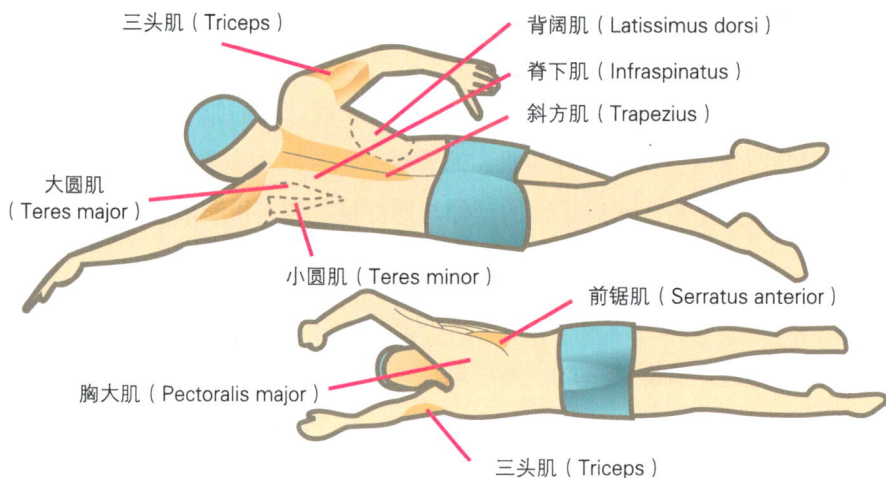

三头肌（Triceps）
背阔肌（Latissimus dorsi）
脊下肌（Infraspinatus）
斜方肌（Trapezius）
大圆肌（Teres major）
小圆肌（Teres minor）
前锯肌（Serratus anterior）
胸大肌（Pectoralis major）
三头肌（Triceps）

抓水这个动作所需的主要作用肌群有胸大肌、三头肌、三角肌、斜方肌，辅助肌群有背阔肌（在斜方肌之下）、前锯肌（在胸大肌之下）、脊下肌、大圆肌、小圆肌。下面介绍一些能有效训练抓水所需力量与稳定度的实用动作。

抓水和强化水感的力量训练方式大致相同，请参考下文。

○ 抱水所需的力量

抱水用到的主要肌群有胸大肌与背阔肌，手臂上的小肌群则是三头肌和前三角肌。

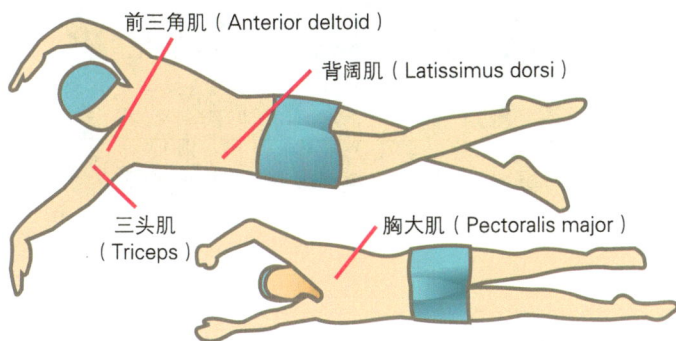

前三角肌（Anterior deltoid）
背阔肌（Latissimus dorsi）
三头肌（Triceps）
胸大肌（Pectoralis major）

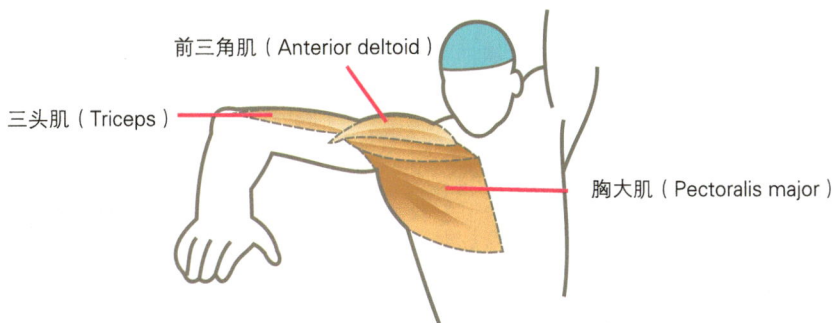

三头肌（Triceps）
前三角肌（Anterior deltoid）
胸大肌（Pectoralis major）

训练方式

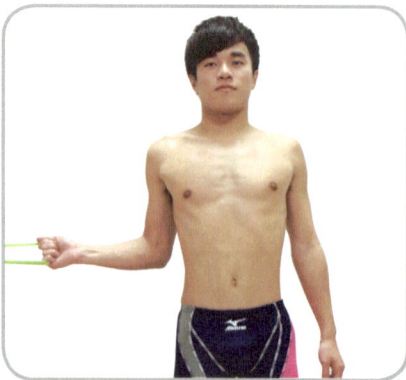

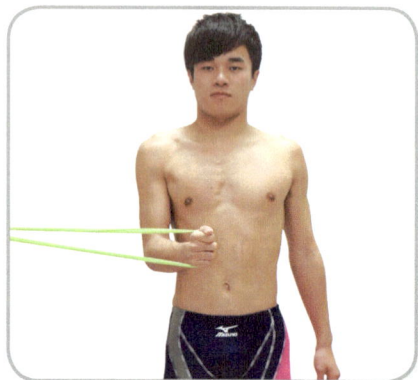

◎利用弹力绳进行抱水训练。站姿，手肘靠近身体，手掌先保持在身侧，将弹力
  绳拉伸到身体前侧，反复进行。另外，也可练习趴式的抱水动作

○ 推水的力量训练

推水起点

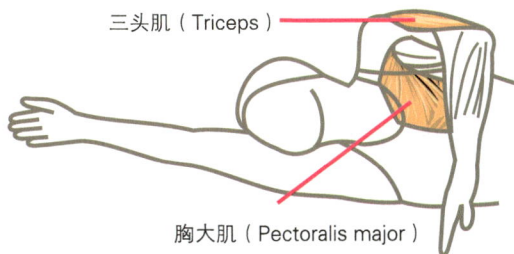

三头肌（Triceps）

胸大肌（Pectoralis major）

推水终点

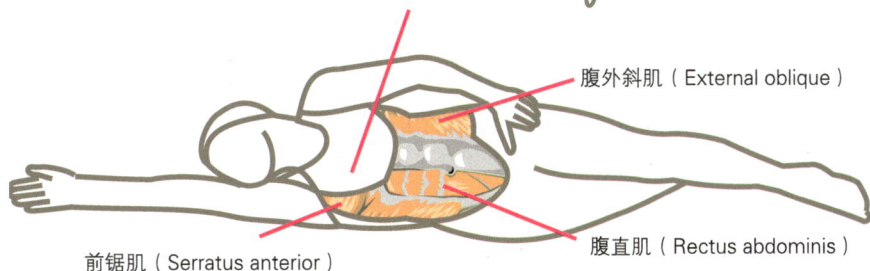

腹外斜肌（External oblique）

腹直肌（Rectus abdominis）

前锯肌（Serratus anterior）

　　推水是自由泳划手动作中主要的加速期，除了此时身体这个"船身"最长、横断面的面积最小，另一个主要的原因是推水时用到了全身最多的肌群同时做功。推水不只是由大臂后方的三头肌发力，推水开始时刚好是臀部向上转动、身体向上滚转的时刻，所以推水的动作同时也用到背阔肌、腹外与腹内斜肌、腹直肌、胸大肌与前锯肌这些躯干肌群。但很多人根本不知道如何在推水时调用躯干上的大肌肉群，所以很容易造成三头肌过度疲劳，划手到最后都没推完水就开始提臂了。下面向大家介绍一项调用大肌肉群的推水力量训练。

训练方式

　　采用跪姿，双手高举过头，拉杠或弹力绳在前方的肩膀之后，眼睛看着双手。

　　用双手将拉杠或弹力绳向对侧的膝盖拉去，目光随着双手拉动的路径移动。拉动的同时，躯干与臀部也随之旋转。想象手臂只是躯干的延伸，不要光用手臂，而是用身体旋转的力量拉动。

　　这项力量训练会调用背阔肌／胸肌，同时使它们与腹内／腹外斜肌进行联结，这些核心肌群的联结，将大大增加你向下拉（也就是推水）的力量。需注意的是：在进行这项训练时应该用躯干旋转的力量来主导手臂下拉的动作，反过来的话会有受伤的风险。

　　推水动作也是同样的道理：利用滚转的力量完成推水动作，而非只是利用肱三头肌向后推水。手臂只是联结的最末端，推水的发力起点为身体滚转瞬间。

◎砍劈训练

建立水感的力量训练

经由前一章的说明，你应该已经知道水感的强弱全依赖你能否确实扣住水，扎实水感的样貌是扣住水让身体前进而非划动手臂；你也清楚了自由泳划手的5个重要阶段：入水、抓水、抱水、推水与提臂。但知道细节并不表示就可以游得比以前好，在"知"与"行"之间还有一段需要努力填补的空隙。这个空隙除了力量，就是把你具有的力量转换成水感的知觉。

○ 强化支撑的感觉

水感的形成是利用手掌入水后转移身体重心的瞬间，使手掌上的压力增加，借以支撑，把身体往前拉。记住，此时你的手在身体前方，手掌下的水由于压力的瞬间增加被凝固成接近实体的静水，支撑点因此而形成。

既然水是我们的支撑物，却又如此柔软无法掌握，所以首先我们要让手掌习惯支撑在实体物上面，模拟游泳时支撑在静水上的实体感受。换句话说：先让身体明了手掌支撑时用哪些肌肉，哪些地方该用力，哪些地方该放松，把体重转移到手臂上又是怎么一回事。通过下面的练习，可以开发泳者手掌与手臂对水感的本体感受。

前面提过，手臂在水中的划臂过程，只是让身体前进，手掌几乎没移动（水平位置），**所以下面练习的前半部，手掌也都是支撑在同一定点。**

以下会介绍一系列强化水感的分解训练动作。虽然这些训练既辛苦又无趣，而且不像在泳池里一次练完一个3000米的计划那么有成就感，但这些训练绝对不是在浪费你的时间。只有真心想进步的人，才会投入到这些不是实际向前游进的分解训练中。

○ 陆上强化支撑的实在感

我们先采用真正的实体进行支撑，让手臂与手掌上的肌肉记住和真正掌握静水的水感为何。下面的练习也会让你了解划手时手臂各部位的相对位置，因为是支撑在实物上，所以手掌永远在手肘下方，手肘则在肩膀下方，如此体重才能有效地传送到手掌上（划手时掌高于肘是自由泳常见的错误）。

支撑在阶梯或者固定的箱子或板凳上

◎手掌撑在固定的箱子或台阶上，身体上下小幅移动

▶ **注意**：下面几项支撑练习，如果你的力量还不足以负荷自己的体重，先以膝盖着地的方式进行。

▶ **初级**：双手支撑在阶梯上（或固定的板凳上），双脚向后平伸，只用脚尖支撑。身体尽量保持水平，在手掌与脚尖位置固定不变的前提下，微微向上撑起身体，随后下降，反复进行。

▶ **进阶**：单手支撑，你会发现单手支撑时身体为了保持平衡会自然转向支撑的那一方，此时会更接近划手时的支撑感。

▶ **换手支撑**：先用单手支撑，另一只手置于大腿侧，接着以自由泳提臂的方式向前移动，到达阶梯后快速转换支撑，使体重落在另一只手臂上。这项练习可以帮助你体会水中换手时支撑点转换的感觉。你可以发现随着体重在两个手掌上转换，身体为了保持平衡也会跟着转动。

支撑在TRX悬挂训练系统或伙伴的手掌上

上述动作已经能够掌握后，改成支撑在动态物上，像是训练伙伴的手掌或TRX悬挂训练系统上。

▶ **解说**：因为支撑点变得比较不稳定，你在水面上支撑的感觉得以强化。训练方式与注意事项皆与上述相同。

身体上下小幅移动

左右手轮流下压

◎抓水力量训练——使用TRX悬挂训练系统进行动态支撑

○ 转化支撑为移动身体前进的力量

　　练完上述陆地上的各种动作，你会发现支撑时不只手掌在用力，为了支撑住稳定的身体，整条手臂与躯干都是这条支撑链的一部分——包括肩膀、大臂、手肘、小臂、手腕、其间的肌腱与韧带以及背部与腹部肌群都必须同时作用，而手掌正是这条支撑链的最末端。所以，相对于所有的动作来说，手掌是移动最小的部分。这也是为什么最优秀的游泳选手手掌的入水点与出水点几乎在同一水平位置上。

　　为了让手臂和手掌成为拉动身体前进的有效支撑链，关于手臂各部位的位置有两点必须再强调一次：肩比肘高、肘比掌高。如此一来，体重才能有效地转移到掌上。接着，我们要下水进行其他强化水感的支撑训练。

水中固定式的支撑训练

　　第1式：支撑在岸边向上直立撑起身体。

▶　**起始动作：**身体保持直立，只有头部与肩膀露出水面。两手保持与肩同宽，支撑在岸边。

▶ **动作要领**：撑起时，手肘要先抬高超过手掌。刚开始练习时双脚可以轻蹬池底，但尽量只利用上半身的力量往上撑。

▶ **结束动作**：手掌位置保持不变，手臂完全伸直的同时身体保持直立。

第2式：下半身始终保持水平，支撑在岸边向斜前方撑起身体。

▶ **起始动作**：身体保持水平，双脚轻松打水维持平衡，只有头部露出水面，两手保持与肩同宽，双手指尖轻触岸边。

▶ **动作要领**：在准备撑起身体时，要先把手肘抬出水面，习惯上用高肘姿势把身体撑出水面。在这一式中，下半身要尽量保持与水面平行。把身体撑出水面时会比前一式更前倾，这会让你的肌肉掌握手掌支撑在固定位置上把身体向前拉的感觉。它比上一项训练更接近游泳时的身体位置。

▶ **结束动作**：手掌保持在固定位置，身体往斜前方撑起让手臂完全伸直。注意撑起时下半身仍要保持打水。

第3式：支撑在他人手掌上撑起身体。

▶ 训练重点和前两项相同，主要差别是支撑点改成动态，不像池岸固定不动，会更接近划手时支撑于水中的感受。需要略微调整的是起始动作，改成全身（包括肩膀）都没入水中，放松让身体漂浮在水面上，而且手掌要略低于肩，保持肩比肘高、肘比掌高的姿势，这样支撑才有力量。另外，请训练伙伴在你向上撑起时保持稳定以免摔倒。

○ 实际支撑在水上：培养手掌的水感

之前一再提及，划手动作就像支撑在水中的一块固定于池底的木板上把身体往前拉，这也是前面我们做如此多实体支撑的原因。但事实上木板根本不存在，存在的只有柔若无物的水啊！那我们如何抓到那块不存在的木板呢？

接下来的练习，就是为了提高水感（抓到木板的感觉）而设计的，建议你照顺序慢慢来。这些也是下水之后很好的热身动作，可以帮你在进行耐力训练前先培养水感。有些动作虽然看似简单，但要做好其中的每个细节并非想象中那么容易，光是放慢抓水的动作就会让身体失去平衡。因此你要确实花时间在每个动作上，打好划手的基本功，依照顺序，确实执行各项动作中的要领之后才进行其他练习。

摇橹式划手

在水中用手掌画一个平躺着的"8"（也就是数学符号"∞"），这个动作很像古代船夫的摇橹动作。随着快速跟着"∞"路径移动，掌心会感到一股相应的压力，这股压力会让手掌形成一个动态的支撑点。下面就介绍摇橹式划手，让处在水中不同位置的身体保持平衡。

▶ **第1式**：徒手打水前进，双手向前伸直摇橹，接着利用摇橹形成的支撑点将头撑出水面。

▶ **第2式**：同上，用更大的力气把肩膀与胸口也撑出水面，回到水中后休息2~3秒，再用摇橹的支撑力将胸肩向上抬，反复进行，直到手臂无法保持相应高度为止。

▶ **第3式**：同第2式，但改用单手摇橹完成（另一只手置于大腿侧）。你会发现当你只剩一只手形成主动支撑点时，躯干也需用力才能保持身体平衡。

◎水中摇橹式的支撑训练

技术训练vs.水感知觉训练

　　熟练掌握了划手的5个重要阶段之后，在进行水感训练时，首先必须专注于知觉的掌握，而非斤斤计较时机与空间的正确与否。这与技术训练的首要目标不同，技术训练可强化水感的形成，水感知觉的训练亦可强化你对技术的掌握。但我们建议先将两者分开处理，一开始练技术时只专注于动作的准确性，通过练习去体验它背后的人体力学原理，直到此技术变成你身体的条件反射为止；接着练水感的知觉时，就把那些技术抛在一边，将注意力放在知觉的掌握上。

○ 锻炼下半身的水感与体能

下半身的体能是否优越，严重影响游进时的水阻大小，以及身体的位置与平衡。如果用膝盖打水或下半身过沉，或是无法有效利用打水来提高下半身，划手前进的水流就会被阻挡在双腿间。另外，平衡不好，就像在乱流中不规律摆荡的飞机，不但浪费体力，也会增加阻力，无法加速前进。

以上种种问题的根本原因通常是体能不佳，而非技术上的不足。因为双脚在陆地上行走、奔跑了许多年，理所当然具有为了适应陆地而发展的体能形式。当我们入水后，双脚改成在失去重力（被浮力抵消）下施力运动，那是从未发展过的体能，肌群所习惯的用力方向全变了，当然无法顺利做好理想中的技术动作。

在陆地上发展的腿部体能是以对抗重力的垂直支撑为主，在水中时却变成水平方向。主要需要锻炼的肌群有：股直肌（Rectus femoris）、股内肌（Vastus medialis）、股中间肌（Vastus intermedius）、股外侧肌（Vastus lateralis）、臀大肌（Gluteus maximus）和臀中肌（Gluteus medius）。下面介绍的几个分解训练动作目的就是培养自由泳打水所需具备的基础体能。这是不管你的实力强弱都可以做的训练。

▶ **下压时**：髂腰肌（腰大肌和髂肌）、股四头肌（股直肌、股内肌、股中间肌和股外侧肌）

▶ **上抬时**：臀大肌、臀中肌、股二头肌

打水下压时

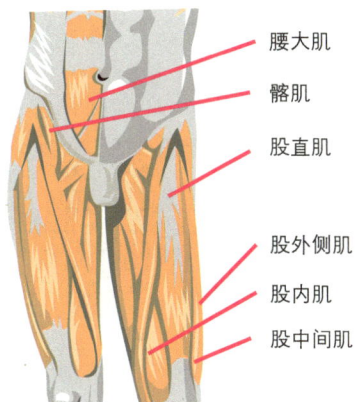

- 腰大肌
- 髂肌
- 股直肌
- 股外侧肌
- 股内肌
- 股中间肌

打水上抬时

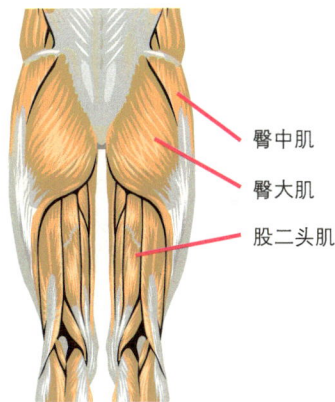

- 臀中肌
- 臀大肌
- 股二头肌

下面介绍一些有效的打水训练方式。

　　练习时以大腿上半部带动，脚掌处看起来应该像是煮沸的开水似的，脚掌尽量不出水，不要打出太多水花。

▶ **第1式：稳定打水时用到的核心肌群**

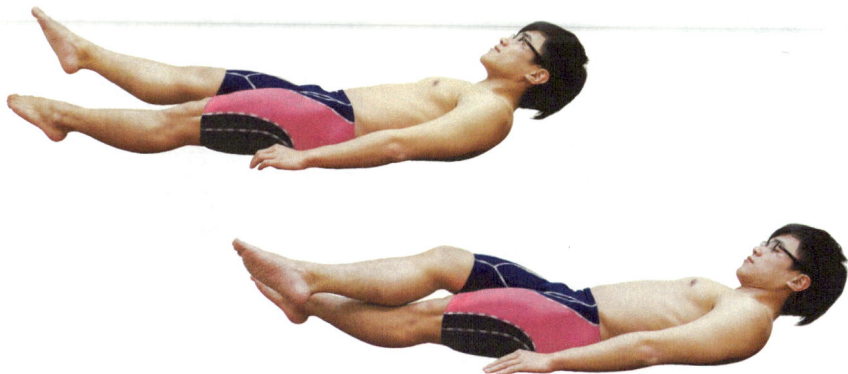

◎训练打水时用到的稳定肌群

▶ **第2式：徒手打水**

▶ **第3式：徒手抬头打水**

◎俯卧徒手打水

◎抬头打水

▶ **第4式：直立打水**

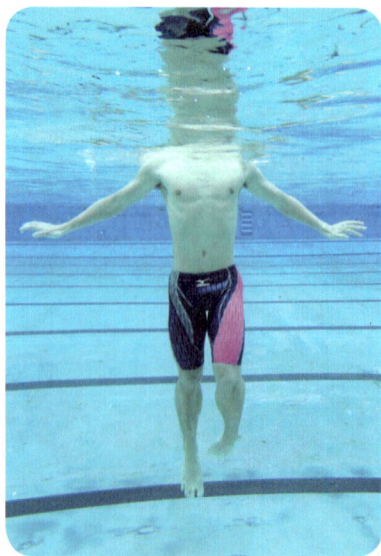

直立打水是进阶的打水水感与力量训练方式。这项练习要在深水区进行，双手环抱胸前，身体保持直立，双脚垂直打水，让身体保持在同高度的水平面上。脚板伸直，想象双脚像鞭子一样前后甩动，但要避免膝盖过度弯曲。若一开始无法让头部保持在水面上，可以张开双手以摇橹式划手动作辅助身体保持稳定。

游泳所需的内力：核心肌群对游泳的重要性

其实，大部分人都知道核心肌群对游泳的重要性，但到底该如何利用它改善我们的游泳能力？或者回到更根本的问题：这些肌群在自由泳的动作中扮演什么样的角色？又该怎么练呢？这一节我们将回答这些问题，让你在游泳的过程中激活身体中的核心部位。

内力vs.外力

前面提过，优秀的游泳选手不只要学会用力，还需要掌握放松的时机，让四肢的肌肉在用力／放松中达到轮流休息的目的。如果一直让肌肉保持紧绷，一下子就会没力气了。但是需要放松是针对外力而言。所谓外力是指实际帮助你前进的外部力量，也就是能够被观察到的四肢动作；相对来说，内力则属于看不见的用力形态，经常被我们忽略却相当重要。我们以奥林匹克式举重中的硬举（Deadlift）为例，要把杠铃抬离地面，表面上看起来好像只是手臂在用力，其实不只是上半身，连背部、腰部、臀部与腿部都要同时用力才行。若腰背没用力身体就会往前趴；若脚没用力撑住地面，产生反作用力，上半身就没有施力的支撑点。

因此，在这里我们把内力定义为：除了表面上看得到的动作之外那些看不到却同时作用的力。任何运动模式都包括外力与内力两者，游泳也是。它主要的目的有下列3点：协调四肢、稳定身体与强化外力。

对游泳这种重复形态的运动模式来说，实际上帮助身体在水中前进的外力肌肉，是需要在规律地放松之后才能有效且长时间运动的。但内力则需要随时保持适度的紧绷感，让四肢随时保持在良好的互动状态，让身体保持低水阻的水平位置，才能使水阻降到最低。另外，如果内力不够强健，在划手与打水之间，身体就会随着你强大的外力而晃动，水阻也会相应增加。就像是瘦弱的树干却长出过粗的树枝一样，树干会随着强风吹拂枝叶而剧烈摇晃。

自由泳所需的内力是持续让各部核心肌群保持紧绷的力量，虽然双手交替划动，但不管是左右哪只手，如果身体无法保持稳定，力量也会因而分散，形成多余的阻力。

○ 相辅相成：核心肌肉的稳定性与外力之间的互助关系

外力和内力需要相辅相成。如果只是增强手臂、肩膀与大腿的力量，没有同时增强躯干的稳定性，所增加的力量会使你的身体在游进的过程中摇摆不定，形成阻力。所以，要让自己游得更快，你无法徒增手臂支撑的力量而不同时增加躯干的核心力量。这种情形常发生在那些刚戴划手板练习的选手身上，因为上半身的用力增加，下半身反而摇晃得更剧烈，或是在用力打水时造成上半身左右晃动。

另外，强健的核心同时也能够加大你输出的外力——更有力的划手与打水。腹、背、臀的肌群除了可以帮助身体在水中保持直线，也能让你学会如何用整个身体来划水。想加大划手与打水所形成的推进力，其实也需要核心肌群的协助，好比有力的手必须先有稳固的主体才能发挥力量。

○ 体能之链：寻找最弱的一环

假设你现在的1500米个人最佳成绩是30分钟，也就是说你现在的体能状况能在30分钟内保持某一种速度游完1500米的距离。如果你把现在的体能比喻成一条环环相扣的链条，这些环节中有心肺耐力、划手与打水所需的力量与耐力、水感掌握的细腻度以及核心肌群的强健度。目前1500米游到30分钟是你的极限速度，就像是你目前所具有的体能之链在这30分钟内能拉紧到极限般，再提高速度的话链条的某一环就会绷裂。因为链条的强度取决于最弱的一环，当其中一环断了，不管其他的环多强都没用。

从这个比喻来看，提升游泳速度时你必须先明了自己目前最弱的一环在哪里，以及该如何提升。从另一个角度说，当你想提升到25分钟的水准时，就非得先提升最弱一环的强韧度，再提升总体体能中的各个环节。若只是不断地游间歇练心肺，或只是一直戴划手板来训练划手的力量，终究无法提升体能链条的整体强度。

简单来说：速度是建立在体能上的。想游得更快，就需要强化整体的体能。对大部分游了好几年却一直没有进步的泳者来说，外力驱动发动机（心肺耐力）与外力传动系统（划手与打水所需的力量与耐力）通常已经够强健了，相对弱的大都是维系内力的核心肌群。

○ 边练游泳边锻炼整体体能

再从训练的角度看体能之链：许多人根本尚未体会到游泳中使用核心肌群的感觉，所以每次练习都没练到内力，因为不知道在游泳过程中怎么用它，使得强者更强，弱者更弱，链条间的各个环节变得越来越不平衡。具有内力知觉的人——像是大部分从小练游泳的选手，每次练习都会练到划手、打水与内在核心的正确肌群，因此练得越多，体能之链中各环节的强度与耐性也跟着越强健；但一般人大都只是练到心肺能力与四肢的肌耐力。脆弱的内力一环，通常就是你游泳能力停滞不前的原因。

内力的陆上训练方式

其实在前一章介绍的减少水阻的平衡训练，以及增加划手力量与水感的体能训练中的许多水中动作，都会同时锻炼到内力。但这里要再介绍一些陆地上的辅助训练法，帮助大家在家中自行调用与强化腹部肌群。

○ 强化腹部内力的训练方式

以下逐一介绍有助于强化腹部内力的训练方式。

人的腹部肌群有3层。最外层是腹部两侧的腹外斜肌（External oblique），主要功能为旋转躯干。中间层由面积最大的腹内斜肌（Internal oblique）与最有力的腹直肌（Rectus abdominis）组成，腹内斜肌几乎涵盖整个腹部，且肌肉纤维方向与腹外斜肌垂直，这两个互相作用的斜肌正是游泳时负责左右转动身体的主要肌群；腹直肌即我们常说的8块腹肌，像三明治般被腹内斜肌前后包覆，虽然它是腹部最有力量、属于外力的肌群，对水中的前进动力却没有太大帮助。最深层是腹横肌（Transversus abdominis），主要功能是稳定躯干，也就是腹部主要的内力来源。

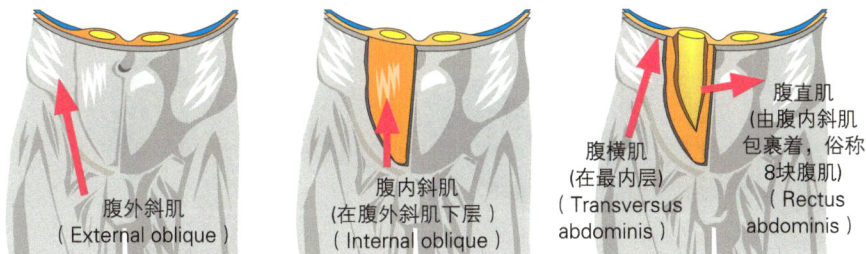

| 腹外斜肌
（External oblique） | 腹内斜肌
（在腹外斜肌下层）
（Internal oblique） | 腹横肌
（在最内层）
（Transversus abdominis） | 腹直肌
（由腹内斜肌包裹着，俗称8块腹肌）
（Rectus abdominis） |

◎腹横肌：稳定躯干。腹内／外斜肌：左右滚转身体。腹直肌：对自由泳的动作来说影响较小，但它是蝶/蛙泳与转身动作的主要作用肌群

跪姿抬起对角的手和脚

▶ **功用**：增进全身的平衡以及提高躯干与髋关节的稳定性。

▶ **起始动作**：上背部与后脑勺持平，保持肚脐内吸，激活腹横肌使脊椎呈直立状态。

▶ **结束动作**：抬起手脚时需使手脚与躯干呈水平。

▶ **恢复动作**：收回手脚时，使手掌碰到对侧膝盖。

▶ **注意事项**：过程中切勿晃动或转动骨盆与躯干。支撑手永远保持在背膀正下方，双肩在移动的过程中皆保持水平。

双手手肘 + 脚尖撑地

▶ **解说**：俯卧姿势，手肘置于肩膀下方，只以小臂与脚尖撑地，膝盖伸直，身体其他部位离地，且呈一直线（后脑勺、肩膀与臀部同高）。这个练习可以锻炼到髋关节与腹部深层肌群的稳定性。进阶方式：在健身球上进行撑卧。

▶ **手肘支撑时的各种变化动作**：① 腿部伸直上抬；② 手向前伸直；③ 手向前伸直，另一侧的腿向上跷；④ 以手肘支撑方式做俯卧撑，不管是手伸直还是脚向上抬都要尽量使身体保持一直线。

▶ **注意事项**：采用卧姿，只利用手肘与脚尖撑地，后脑勺、背部、臀部与后脚跟应保持一直线。可以单独进行支撑训练，一开始可先从30秒的连续反复动作开始。

◎强化水感的进阶力量训练

◎各种卧撑动作

改用手掌支撑 + 脚尖支撑

▶ **解说：** 动作要领同上述手肘支撑。

▶ **解说：** ① 两手交替从手肘改用手掌支撑之后，再恢复成手肘支撑的动作，交替重复15~20下，至少做3组；② 以俯卧撑准备动作支撑时，抬起单手手掌触碰另一侧肩膀；③ 以俯卧撑准备动作支撑时，抬起单手手掌触碰腹部之后恢复支撑动作；④ 改用手掌触膝之后恢复支撑动作，再换手进行；⑤ 改用手肘触膝之后恢复支撑动作，再换手进行；⑥ 改用手掌触脚掌之后恢复支撑动作，再换手进行。

▶ **注意事项：** 动作进行时要保持身体的稳定，不要让躯干跟着动作摇摆，才能更有效地强化三角肌与腹背的核心肌群。

◎ 各种伏地支撑动作

单手＋脚板侧面撑地

▶ **解说：** 这项练习可以锻炼到背阔肌、腹外斜肌、腹内斜肌与腹横肌，以及提高躯干与髋关节侧边的稳定性。不管是脸朝下或是转向侧面，身体都必须从脚踝、臀部到头保持一直线。比较容易犯的错误是臀部向上翘或是向下掉，此时需要专注在腹部肌群上。另外，也需注意头部的位置，大部分人做这个动作时会习惯缩下颚低头，如此会间接影响背部的位置。切记抬头，让后脑到脚跟的位置保持一直线。与其以错误的动作延长时间，不如尽量保持动作的正确性，确保锻炼到正确的肌群。

▶ **注意事项：** 手肘在肩膀正下方。手肘与脚掌侧边负责支撑。上侧手臂伸直与躯干垂直。双腿并拢。侧边躯干到髋部、大腿、膝盖与小腿需形成一直线。从头顶看过去，不要有驼背、翘臀或挺腹的情况出现。

◎各种侧身撑地动作

仰卧双脚腾空打水

▶ **解说：**这项练习可以帮助开发打水时稳定身体的肌群，你能明显感受到打水时需要用到哪些内力，才能使身体不会晃动。进阶者可加快上下打水的频率，但仍要保持躯干的稳定度；或是双手离地，避免用手稳住身体与撑起肩膀。双脚也可以改成左右来回交叉，这会更难保持身体的稳定，但对稳定脊椎的腹横肌有更好的训练效果。

◎训练打水时用到的稳定肌群

▶ **训练肌群：**下半部腹直肌、大腿前侧股直肌与深层腹横肌。

▶ **准备动作：**躺在地面上，双手置于身体两侧，内吸肚脐，使下背部与地面的空隙消失。

▶ **起始动作：**抬高肩膀，离地10厘米左右。抬高双脚，离地30厘米左右。确保背部仍紧贴地面。

▶ **进行动作：**双腿伸直，脚板也伸直，模拟仰式上下打水动作，保持30秒以上（时间依个人能力而定），直到腹部无法负荷，或背部失去稳定而开始晃动才停止。

▶ **注意事项：**背部紧贴地面与否，正是打水时躯干能否保持稳定的关键。如果下背部拱起离地，身体必然无法在动作中保持稳定。

○ 滚转所需的核心力量训练

下面这些动作可以帮助你利用腹部强化划手力量的知觉。

站姿的旋转动作

▶ **训练肌群：**腹外斜肌、腹内斜肌、腹横肌。

▶ **进行动作：**双脚与肩同宽直立站好。接着左右旋转身体，每次旋转都要使肩膀尽量接近下巴，旋转的同时头部不动、髋关节不动，只有上半身尽量快速转动。进阶练习可持一负重药球进行。

▶ **注意事项：**一定要保持髋关节固定，也就是臀部不能跟着转动，否则就失去意义。

坐姿的旋转动作

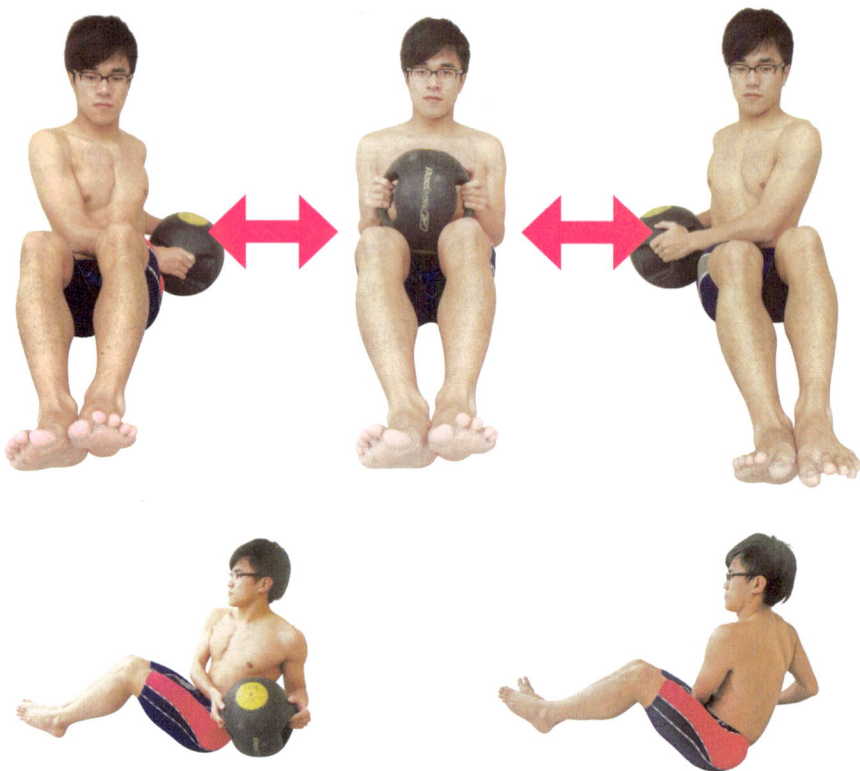

▶ **准备动作：**只用臀部着地，双脚屈膝腾空，身体左右旋转但脚尖与膝盖保持稳定不动。进阶练习可持一负重药球进行。

▶ **进行动作：**坐姿，膝盖弯曲，身体微向后仰，脚掌离地下半身动，躯干转向侧边，接着迅速转向另一边，反复进行。

▶ **注意事项：**上下半身动作过程中尽量保持不晃动。

　　这个动作主要锻炼自由泳滚转动作中所需利用的肌群——腹外斜肌、腹内斜肌，另一个作用则是负责联结手臂与大腿的动作，所以相当重要。

健身球：双手合十，面部朝上的旋转动作

▶ **训练肌群**：腹外斜肌、腹内斜肌、腹横肌。

▶ **起始动作**：先坐在健身球上，再向下滑，直到身体呈桥式，肩膀撑在健身球上。双手并拢伸直于身前，让大腿、臀部与背部保持一直线。

▶ **结束动作**：旋转上半身，直到手臂与地面平行。稍微停顿后再旋转至另一侧。

▶ **注意事项**：臀部尽量不要跟着旋转，旋转的只有手臂与上半身。

　　这项练习能有效强化腹侧的内外斜肌，除了能增强划手的力量，还可增强划手与打水动作间的环节。这一点非常重要。若核心环节不够稳固，四肢的力量会发挥不出来，也无法有效配合。

• 有助于你提高臀部的控制能力，尤其是对那些很难提起臀部与下半身的泳者。

• 假若进行旋转动作时容易失去平衡，可以先保持上图中左图的姿势30~60秒，直到逐渐稳定后，才开始增加旋转幅度与次数。

○ 背部训练

背阔肌（Latissimus dorsi）是划手发力的起点端，它联结的是肩膀、手臂和末端的手掌。

竖脊肌（Erecotor spinae）在游泳时的主要功用是保持身体呈水平位置。一般来说拉伸竖脊肌时会一起激活臀大肌和大腿后侧肌群，相对来说，当打水时利用臀大肌和大腿部肌群时，竖脊肌也不断在发挥作用。

单杠

▶ **功能：**主要锻炼肌群为背阔肌与手臂的所有肌群。这项训练可以帮助你在抓水时激活背阔肌。

▶ **起始动作：**手掌朝外握杠，两手位置略宽于肩膀，双脚保持放松下垂。

▶ **结束动作**：上拉至使下巴接近杠把。在最顶端稍微停顿之后，缓慢地回到初始位置。

▶ **注意事项**：上拉与下降的过程都要慢，确保动作受到良好控制，身体尽量不要左右摇晃，如果身体失去控制就先休息，再进行下一轮。

坐姿／蹲姿后拉——强化背阔肌

▶ **起始动作**：弹力绳拉向胸部下缘处，背部保持直立。

▶ **结束动作**：拉到最终位置后，使两侧肩胛骨尽量靠拢，且静止1~3秒。慢慢回到初始位置。

▶ **注意事项**：背部始终保持直立。

健身球上的平衡动作

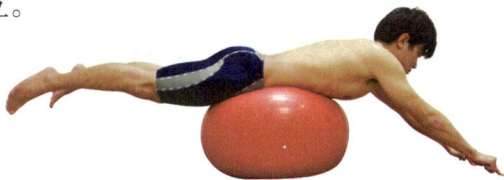

▶ **训练肌群**：竖脊肌。

▶ **进行动作**：面部朝下，髋部支撑于健身球上。上半身保持稳定，双手只用单指撑地。膝盖伸直，脚趾轻触地面后，脚跟上抬，使全身保持一直线。上半身保持稳定，保持3秒静止。慢慢回到初始位置。

○ 臀部训练

　　下面是一系列的臀部力量训练动作。这些练习之所以重要，是因为臀部正好处在联结全身动作的关键位置。它就像上半身与下半身的桥梁，在统整与协调身体的动作上扮演着关键性角色。臀部的稳定性够，身体就不容易左右扭动；臀部肌肉耐力好，下半身就容易挺起来，打水也能够持久。这两种能力都为上下半身提供了传递能量的良好通道。

　　身体平躺时的臀部力量训练，是最具功能性的自由泳训练方式。因为身体同样都是保持水平，这样身体才会记得动作的施力模式。以站姿或跪姿的直立姿势进行虽然也可以锻炼臀部力量，但是因下水后施力的模式不同，训练的成效就无法完全发挥。

仰姿腰桥训练

夹球时可以激活腹横肌与股内侧肌

进阶版：增加不稳定性

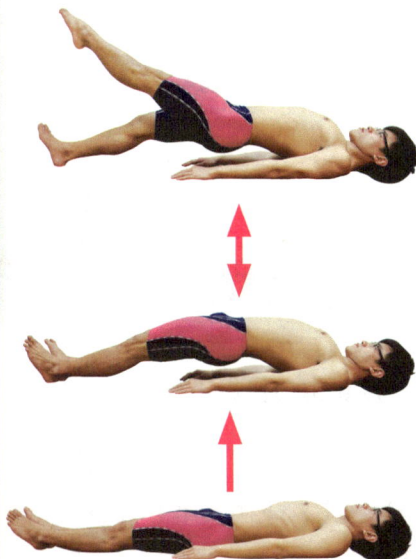

◎加进健身球后增加了不稳定因素来提高整体核心肌群的稳定能力

背地挺身训练

　　增加难度时，可以在支撑点（手掌或脚跟）加上一固定物。

▶ **注意事项**：以上臀部训练的各式动作，须尽量增加臀部上下移动的幅度，同时保持身体的稳定性。

两种帮助大家增强游泳所需核心内力的意象训练法

挺胸收腹：想象在肋骨与骨盆间有一条橡皮筋。想象这条橡皮筋一端系在肋骨上，另一端系在骨盆上，接着把肋骨拉离骨盆，感觉像是把中间的橡皮筋拉紧似的。游泳时，让它随时保持拉紧状态，这会激活你的核心内力，同时会让身体保持水平状态。另一种比较具体的做法是内吸肚脐，这个动作会用到使脊椎保持中立状态的腹横肌。腹横肌是维持骨盆正确角度的重要深层腹肌，如果锻炼不够，骨盆会过度前倾，造成凸腹而影响身体的平衡。所以，除了练习游泳，平常也可以时常练习挺胸收腹动作以强化腹横肌。

缩臀：除了稳定身体，也能帮助将用于打水的肌群联结到臀部，使你的打水更有效率。很多运动员都不知道如何激活臀部肌群，以及什么叫"缩臀"。下面介绍一个简单的方法：先躺在硬地上，全身放松，你会发现手掌可以轻易伸进下腰与地面间的空隙，试着下压腰部填补空隙，让整个背部贴到地面上。你会发现，为了做到这个动作就必须缩紧臀部。记住这种激活臀部的感觉，在游泳时这种紧绷感可以减少下半身晃动的幅度。

拉伸操与柔软度

　　拉伸操能增加关节的可动范围与强化肌肉的伸缩能力。如果关节的可动范围过小，肌肉将承担更大的负荷。

　　拉伸也是训练的一部分，而并非只是热身或放松。因为拉伸常被当成可有可无的次等训练，以下特别再以具体例证说明，关节的可动范围变大之所以能让你游得更好的原因。

○ 增加柔软度可以游得更好的4个原因

1. 加长推进的有效距离

　　就肩关节而言，如果可动范围扩大，手臂可伸得更长，等同加长了每一次划手移动的距离。提高脚踝与髋关节的柔软度，可以使打水动作更接近鞭状打水，如此一来脚掌甩动的幅度与力量也会增加。

2. 提高身体的平衡性与稳定度

　　当身体各部关节变柔软之后，将减少打水与划手动作破坏身体平衡的影响。有些人单纯打水时（不管是否持浮具）上半身会随着打水的动作晃动，主要原因就是腰、背与髋关节的柔软度不够，使双脚上下摆动的动作挤压到过于狭小的关节空间与僵硬的肌群，因此上半身就会跟着打水左右晃动。当你在游自由泳时，如果上半身会左右晃，代表前伸手也不稳定，那前伸手势必无法有效支撑在水中，水感自然无法形成。以肩关节来说，如果关节可动范围小，周围肌群的柔软度较差，为了勉强把手臂提出水面，就会造成脊椎侧弯，使得躯干横向摆动。

3. 减小肌肉的负荷，降低能量消耗

以提臂动作为例，如果肩关节的可动范围过小，三角肌的负荷就会增加。而如果肩膀的柔软度很好，每一次提臂都可以很轻松。

4. 避免肌肉纤维化

每一次训练完，肌肉组织间都会有轻微的撕裂伤，那些伤通常是无感的。人体血液里的护卫细胞就会包围那些受伤的肌肉，假若你经常做长时间的训练却都没有拉伸，那些被包围的肌肉就会逐渐纤维僵化，也就是我们俗称的"肌肉结成团"。许多勤于跑步却太少拉伸的跑者小腿会变成萝卜腿就是这个原因。成团（纤维化）肌肉的效能会变差，就像路上捡到的橡皮筋，不只是弹性变差很难拉动，而且很容易一拉就断。也就是说，纤维化的肌肉不只会降低你的游泳水准，还让你更容易受伤。

为了消除肌肉纤维化，有两个方法，一是勤于拉伸，二是按摩。这正是许多每天都要进行大量训练的职业运动员，需要专业按摩师的原因。我们虽然没有办法每次练习完都去请按摩师按摩，但拉伸却可以独立完成。

但也不要刻意过度拉伸，通常要经过数周持续不间断的拉伸才会显现效果。要领是"量少却频繁"——每次拉伸时不要贪心过度把肌肉拉得太长，只要感觉肌肉拉伸到了即可，每次拉伸至少30秒。不要三天打鱼两天晒网，要经常做才会有效果。

○ 关节与肌肉的关系

拉伸关节和拉伸肌肉其实指的是同一件事，因为关节周围有许多肌肉组织，有的具有负责稳定的功能（也就是之前提到的内力），也有能够大幅度伸缩的肌群（之前提及的外力），这两种肌群还由一种名为肌膜的组织联结

起来。如果稳定性肌群无法在外力作用下稳定关节，联结着关节的外力肌群就必须时常保持在紧绷状态下，因此降低了本身的能力以及附近关节的可动性。相对地，如果能通过拉伸适度缓解关节处外部肌肉的紧绷感，就能使附近关节的可动范围增加。

○ 静态拉伸vs.动态拉伸

静态拉伸较适合练完游泳后，因为主要目的在于使肌肉更加柔软以及达到放松的效果。拉伸肌肉就像把橡皮筋拉直，拉直的肌纤维会把肌肉中的血液排挤出去。每次拉伸需保持30~60秒，放松后，血液会快速大量补回，因此能让肌肉达到加速恢复与放松的效果。静态拉伸的初始拉伸动作需吐气，但随后在保持固定姿势时则需注意保持呼吸。

动态拉伸较适合游泳前，因为当其中一侧的肌肉拉伸，对侧必然会相应地收缩，反复进行下去会给肌肉带来活络与舒缓的效果，所以进行动态拉伸要把注意力特别放在拉伸的目标关节与肌群上，你只要专注在其中比较容易收缩的一侧，另一侧就会自然拉伸。

进行这些训练时，请不要过度拉伸，要记得慢慢来。柔软度绝非一天形成的。下面接着介绍有助于自由泳表现的多种拉伸方式。

○ 提高划水所需的柔软度

Y→T→W→L→Y

▶ **功能：**这是拉伸肩胛骨附近肌肉的动态拉伸方式，虽然看起来有点呆，却对提升上背部的柔软度非常有效果。长期练习下来，能改善你颈部、肩膀与上背部过度僵硬与酸痛的问题。

▶ **动作Y**：双手伸直上举，分别指向2点钟与10点钟位置。

▶ **动作T**：双手平伸，分别指向3点钟与9点钟位置。

▶ **动作W**：弯曲手肘，使手肘收进身体两侧，双手指向2点钟与10点钟位置。

▶ **动作L**：手肘位置不变，但双手改指向3点钟与9点钟位置。

▶ **注意事项**：动作Y→T→W→L→Y依序进行，每个动作保持10秒。做Y和T时肩膀要尽量朝所指的方向伸，做T和W时手掌要与手肘、躯干在同一平面上。过程中背部保持挺直，内收肚脐以保持脊椎中立状态。每次练习至少重复做5次动作才停止。

肩膀拉伸

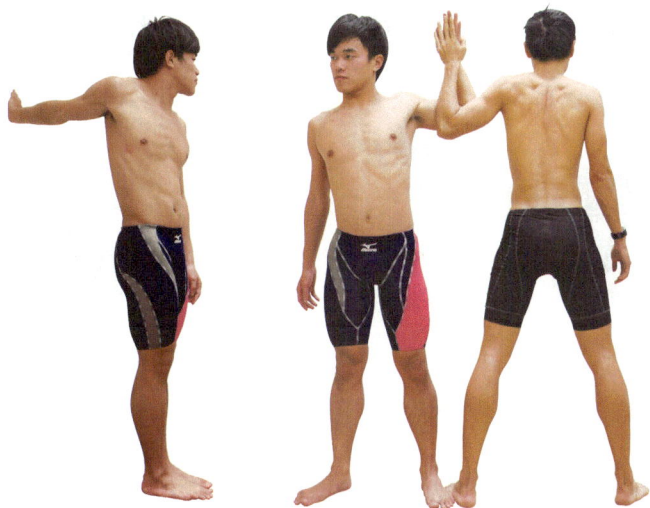

▶ **功能**：增加肩膀的可动性。

▶ **起始动作**：手掌贴墙且与肩同高，转动身体的
　同时使脸朝向另一侧。

三角肌拉伸

▶ 右手贴着胸前伸直，左手肘弯曲以小臂内侧施
　加压力于右手肘处。

肱三头肌拉伸

▶ 右手先向上举，屈肘向后弯曲，左手接着上举
　把右手肘向下压。

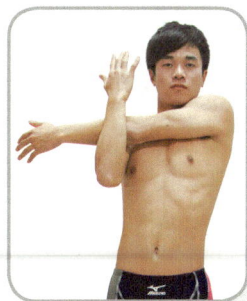

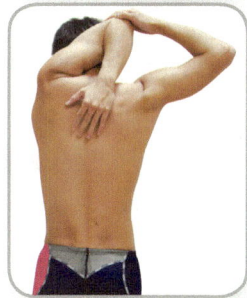

手腕与小臂拉伸

▶ 双手与膝盖撑地，将双手手指朝膝盖方向放置，身体向身后拉。

○ 提高躯干的柔软度

猫式拉伸

▶ **功能：拉伸肩胛骨、脊椎与骨盆。**

▶ **起始动作：**双手支撑于肩膀正下方，膝盖与手掌同宽支撑于髋关节正下方，保持脊椎中立状态（后脑勺与背部、腰部、臀部保持一直线）。

▶ **结束动作：**内吸肚脐，想象把两块肩胛骨打开，同时拱背（若不知何谓打开肩胛骨，你可以找一位朋友，将手放在他的上背部，再请他将两手肘夹住腰部之后尽量往前平伸，反复做几次。你会发现他在向前平伸时，有两块对称的扇形骨头向外打开）。在这个拉伸动作中，你要做的是想象自己把手往前伸，肩胛骨就会打开。

▶ **注意事项：**过程中身体勿晃动。内吸肚脐的目的是提升身体的稳定性，因为内吸的动作会调动腹横肌。

卧姿转臀

▶ **起始动作：**俯卧，膝盖呈直角，脸朝向脚跟上抬的同侧。双肩保持贴地。保持内吸肚脐，使脊椎保持中立状态。

▶ **结束动作：**转动髋关节，使上抬脚向另一侧旋转，膝盖尽量往地面靠近，但最终小腿需保持与地面平行。

仰姿转髋

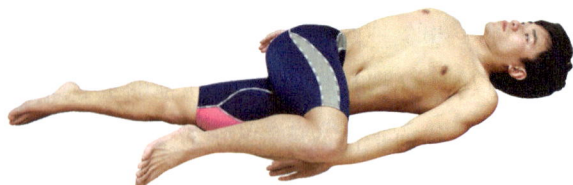

▶ **起始动作：** 仰卧，膝盖呈直角，脸朝向躯干旋转的对侧。双肩保持贴地。保持内吸肚脐，使脊椎保持中立状态。

▶ **结束动作：** 转动髋关节，使上抬脚向另一侧旋转，使膝盖尽量往地面靠近，但最终小腿需保持与地面平行。

○ 提高打水所需的柔软度

　　在进行游泳训练时，增加柔软度的最佳方式是使用脚蹼。它可以帮助你加强使用臀部打水的知觉，并能在打水过程中增加脚踝的柔软度，是最佳的功能性训练法，也就是在目的专项中训练所需的身体能力；也就是说直接利用打水动作训练脚踝的柔软度。由于脚蹼的面积很大，下压时水压相对大增，因此可以帮助你伸直脚板，经过一段时间的练习后，柔软度会大大增加。

静态脚踝拉伸

▶ **功能：** 拉伸脚踝／股四头肌。

▶ **准备动作：** 先转动踝关节。

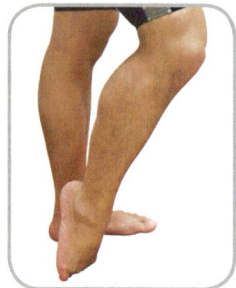

▶ **初级**：膝／小腿与脚背皆着地。

▶ **进阶**：抬起膝盖，只利用脚背着地。

◎跪坐拉筋

静态髋屈肌（Hip Flexor）拉伸

　　当我们坐下时，髋屈肌群这块肌肉会缩短，导致紧绷，而髋屈肌群中的腰肌（Psoas）与下背部肌群是有联结的，腰肌紧绷会迫使下背部前推，这时就会引起下背部疼痛。髋屈肌群是跑步和骑自行车最常用到的肌群之一，它的主要功能是负责抬腿。虽然游泳用不到抬腿的动作，但过紧（收缩过短）的髋屈肌会把你的脚往身体前方拉，造成腿往水下沉。

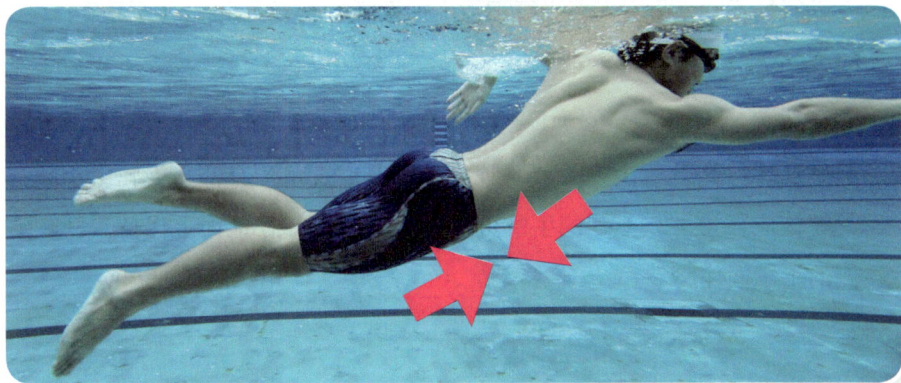

　　因此，拉伸髋屈肌有助于你改善下半身过沉的问题。尤其是自行车选手，处于坐姿下的狭小空间里抬腿，如果没有特别拉伸，通常髋屈肌都会特别短，更容易出现腿部过沉的问题。

注意：这个动作要把臀部往前推

▶ **功能：**拉伸髋屈肌／股四头肌。

▶ **起始动作：**侧躺后让髋关节与膝关节皆形成直角（腹部与大腿／小腿与大腿构成直角）。下侧的手掌可以枕于脑后或撑在地面上保持平衡，上侧的手掌握住脚掌。

▶ **结束动作**：内吸肚脐保持脊椎中立状态，拉动脚掌使其接近臀部。拉动时是整个大腿往后拉，并非只是弯曲膝盖，如此才能同时拉伸到髋屈肌与股四头肌。

▶ **注意事项**：上半身请保持一直线，勿抬头、低头或挺腹。

髋关节和后大腿拉伸

▶ 上半身保持贴住地面，腿部伸直，脚尖尽量抬往头部的方向。

静态背部拉伸

▶ 双手与肩同宽，向前伸扶住墙面（或扶杆），弯曲膝盖使上半身向下压。

03 提升速度的耐力

——训练自己游得更快

如果你想游得更好，其实只要认真地把第1章的技术烙进脑中，把第2章的力量与体能训练贯彻执行，就已经够了。但如果想游得更快，你就必须再做一些额外的速度与耐力训练。

首先，问自己想要提升的是哪一种速度：你想在哪一种距离游得更快，是打破50米的最快纪录，还是想缩短1500米的最快时间？这两种距离的快法，在训练方式上是截然不同的。

你在水中需要什么样的速度？

○ 加速与维持等速是两种不同的能力

试想：千万跑车和普通轿车一样具有时速100千米的能力，为什么价钱差这么多呢？答案就是加速的能力，跑车能够在短短几秒内达到时速100千米，普通轿车可能要多出好几倍的时间！跑车的发动机具有能够瞬间加速的能力；另外一种则是具有持久力的发动机，大都装置在货车里，虽然加速能力不佳，但功率很大，而且能长时间维持等速。

对游泳来说，我们必须看重的是加速还是维持等速的能力呢？答案应该是后者。因为水中的阻力是空气中的800多倍，瞬间加速的结果只会造成瞬间增加更大的阻力（回想一下之前引用的公式，在水中速度加倍，阻力就增加4倍），因此加速所付出的能量一下就被水阻抵消了。就算对短距离的冲刺选手来说，他应该先具备的也是维持速度的能力，才能保持跳水之后的速度，继续以高速冲向终点。

假若我们把耐力定义为"维持某种游速的能力"，那么维持50米的冲刺速度主要应用的是你的无氧发动机，连续等速游完1500米则主要驱动有氧发动机，这两种发动机的耐力并不相同。

〇 速耐力对游泳的重要性

在体能训练上，我们一般将等速维持能力的术语定为"速耐力"（Speed Endurance）。顾名思义，速耐力结合了速度和耐力两种要素，也就是身体对每一种速度能忍耐多久的能力。你的每一种游进速度所能持续的时间当然都不相同，你必须找出自己在每一种速度所能维持的时间。以临界速度来说，那可能是你1500米的平均游速，在这个游速之下可以轻松维持，但在这个游速之上，就会被自己的体能与力量给限制住，或许只能维持10分钟或5分钟。如果想游得更快，最有效的训练方法是间歇训练法，下面会有详细的描述。

〇 先到泳池测出你目前拥有的速度

首先，必须通过测试来了解你目前的游泳实力，才知道自己是以什么样的基础做训练，也才知道自己训练的强度，接着谈增加速度才有意义。

速度的定义是：距离除以时间，也就是单位时间内所前进的距离。经由测试，每个人会在不同距离下花费不同的时间。距离越短，我们会使用越多比例的无氧发动机，因此速度比较快；距离拉长，有氧发动机的使用比例增加，速度因此变慢。以A选手在2011年的7组成绩记录为例：25米最快的冲刺成绩是13秒，速度是每秒游1.92米；400米的速度降到每秒游1.10米。随着距离的增加，速度也跟着下降，但距离越长，下降的幅度越小。距离长到1500米之后，速度趋于稳定。

乳酸阈值与临界游速

人体在任何时刻都会产生乳酸，不管是你拿起桌上的杯子或是举起10千克重的哑铃身体都会产生乳酸，但身体可以及时把它们排掉。激烈运动时乳酸会增加，同时人体排除乳酸的机制也会随之增强，因而使身体里的乳酸浓度保持在动平衡状态；但是当运动强度继续增加，以致身体制造的乳酸超过排除机制所能负荷的量，造成动态平衡无法维持时，就会导致乳酸大量堆积。大量堆积的乳酸使心跳加快、呼吸急促，影响肌肉收缩，让肌肉产生疲劳的感觉，进而影响运动表现。

你可以把身体想象成一个底部有小孔的漏斗，当你慢慢注水时，水不会在容器中累积而是马上从小孔排出，但是当注水速度比排水速度快时，容器就会开始积水，积水的瞬间容器所盛的水量就是你乳酸堆积的临界点，运动生理学家称之为"乳酸阈值"（Lactate Threshold, LT）。那个临界点的速度就接近你的临界游速。

什么是临界游速？学术上的英文名是Critical Swim Speed，简称CSS。意思是某个你能够一直游下去的最快速度，接近于你在乳酸阈值时所维持的速度。

找到自己目前水中的临界游速

但如何找到自己在乳酸阈值下的游速呢？比较精确的做法是在你逐渐增加游速时抽血分析乳酸浓度，再找出动平衡的那个临界点。但这种需要进入实验室的分析方法，既昂贵又费时费工。还好，我们有另一种方法，不用依靠其他人，只要有一只精确计时的手表就可以得到你目前的临界游速，虽然不如实验室的血液分析来得准确，但经由下面的计算方法所产生的结果，已经足够正确指引你游得更快的方向了！

距离	25米	50米	100米	200米	400米	800米	1500米
时间(一)	13秒	32秒	71秒	173秒	365秒	768秒	1460秒
时间(二)			1分 11秒	2分 53秒	6分 05秒	12分 48秒	24分 20秒
速度 (米/秒)	1.92	1.56	1.41	1.16	1.10	1.04	1.03

以公式计算临界游速（较粗略）

临界游速＝(400－200)/(400米测试成绩－200米测试成绩)

依上面数据的计算结果是：(400－200)/(365－173)＝1.042 米/秒，也就是每50米游48.03秒＝每100米游1分36秒。

通过作图找到临界游速（较精确）

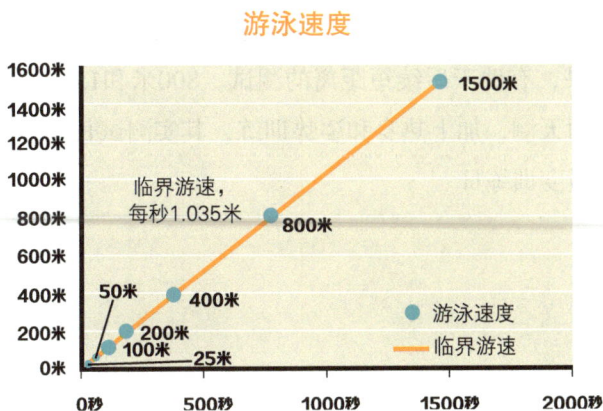

游泳速度

借由A选手在2011年某个星期内完成的7项测试的成绩，利用距离对时间作图，形成7点坐标之后，绘成趋势线，这条趋势线的斜率大都会接近于1500米的测试成绩（24分20秒），也就是每秒游进1.035米。以我们常见的50

米泳池换算，即每48.54秒（50米除以1.03米/秒）游50米。理论上，这是A选手当时可以游完1500米的最快速度。临界游速是你目前游泳实力的重要指针。

测试的方式

测试的建议时间选择在休息周[1]，而且在测试这些成绩时，尽可能在同一星期内完成，这样计算出来的临界游速比较能够代表你在那段时期的真正实力。你可以在同一天中休息一阵子之后测试。如果是像800米或1500米的长距离项目，建议在隔天进行，比较不会影响到真实的成绩。若时间有限，也可取3~4个点作图，建议选取50米、100米、200米与400米会比较客观。

测试前两天最好不要做激烈的训练，才能测出你目前比较真实的实力。测试时的每一种距离都要尽全力游，中短距离如25米、50米、100米、200米与400米可以在当天内一起测，建议热身完成后，先测较长距离再依序递减，这样测出的数据会更接近你各项的实力。因为先测长的，会先激活占较多比例的有氧发动机，肌肉也比较不容易过于僵硬（因为先激活红肌），反而有热身的效果，有助于后续短距离的测试。800米和1500米之类的长距离可以选择另外两天测，加上热身和姿势训练，其实测试长距离的日子也算是某种程度的高强度训练日。

1　每隔3个星期的训练后，建议第4个星期作为休息周，训练量减少40%~50%，训练内容可以改成调整动作或是测试。休息周的目的是为了让身体吸收前3周的训练量，顺便让身体休息，准备下一阶段距离更长、速度更快的练习。在这一周身体逐渐感到精力充沛，尤其到星期三或星期四时会非常想再多做一点练习，此时一定要忍住！在这一周，忍住不要练太多是你需要注意的重要方面。

○ 临界游速与持久力都提升才能确实变快！

如果你做比较多的长距离有氧训练（就是训练时都不太会喘），经过一段时间后再测试，会发现作出来的图斜率变大，也就是变得比较陡；但如果多做短距离的冲刺训练，斜率则会变小。例子中A选手在2011年测试时作出的趋势线斜率很大，也就是说A选手的无氧能力并不是很好。斜率超过1（倾斜超过45°），则表示有氧能力极佳。

每训练一段时间之后，可以定期通过测试计算自己的临界游速。临界游速是你整体游泳实力的具体指标。若只是50米突破了最佳成绩，但400米和800米却变慢了，有可能是你的力量增加了，技术和耐力却退步了。若是长距离的成绩进步，短距离却退步，有可能是你划手的技术变好了，但打水的爆发力变弱了。总之，唯有临界游速变快，才能保证你确实变快！

	解释	斜率	截距
图1	有氧能力↑，无氧能力↑	↑	↑
图2	有氧能力↑，无氧能力↓	↑	↓
图3	有氧能力↓，无氧能力↑	↓	↑
图4	有氧能力↓，无氧能力↓	↓	↓

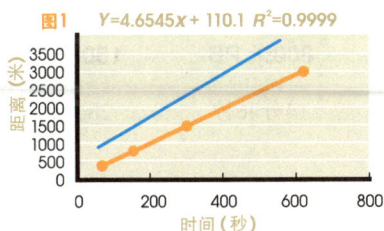

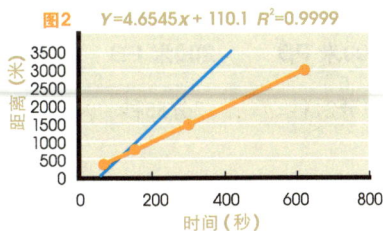

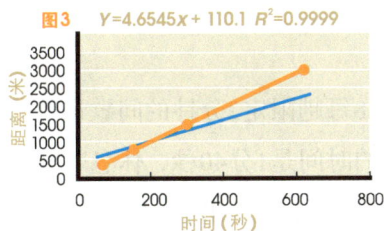

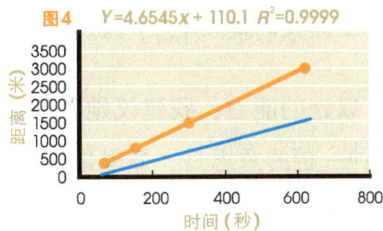

图1　$Y=4.6545x+110.1$　$R^2=0.9999$

图2　$Y=4.6545x+110.1$　$R^2=0.9999$

图3　$Y=4.6545x+110.1$　$R^2=0.9999$

图4　$Y=4.6545x+110.1$　$R^2=0.9999$

提高临界游速的训练法：间歇训练

○ 变快的训练方式

很多人的训练强度都太高了！其实加快游速的主要训练方式不是以高于临界游速的强度进行训练，强度应该设定在稍微低于临界游速，训练效果会更显著。

所谓间歇训练就是在某种中高强度的运动与休息间反复进行的训练方式。它可以帮助提高你的速度与速耐力（心肺耐力）。间歇训练重点在改变3个关键变量：游速（例如最大游速的90%）、游进与休息时间的比例关系（例如游60秒休息15秒的间歇比就是4∶1）以及趟数。

为了说明间歇训练法，这里仍以上述的测试成绩为例，通过当时的训练课表与进程说明间歇训练的实际实施方式。下面是A选手在训练前的个人最佳成绩（Personal Best，PB）。

2011年11月2日，第1周，每周进行2次间歇训练，每次训练间隔至少2天				
100米 PB	200米 PB	400米 PB	800米 PB	1500米 PB
1分21秒	2分55秒	6分20秒	14分46秒	28分50秒

下面我们就以A选手为例说明。

以她的能力，我建议她先从100米×8每趟限定2分钟的间歇训练开始。2分钟一趟的意思是，如果你第1趟所用的时间是1分40秒，休息时间即为20秒，2分钟一到就是第2趟的出发时间。如果第2趟所用的时间是1分45秒，休息时间即为15秒，依此类推。

必须强调的是，如果每趟的时间都无法维持，此次间歇训练的效果就会大打折扣，只要游不到就缩短时间或趟数。每趟的时间误差超过10秒，或甚至超过设定的间歇时间（2分钟），你就应该把设定的时间拉长。或者一开始无法游8趟，就先从4趟或6趟开始进行，不要冒进。

第1周训练的成绩记录范例如下：

- 2011.11.02，100米 × 8，2分钟
- 1分40秒、1分41秒、1分39秒、1分40秒、1分41秒、1分40秒、1分39秒、1分38秒

这样的训练进行几周，自觉已经习惯这样的训练强度与趟数后，你可以进行下列3种调整。这3种调整都是为了让自己游得更快，但训练的效果与目的却有所不同。

这3种调整的变量分别是：增加趟数、增加距离、缩短时间（又可分为缩短间歇的总时间与每次的到岸时间）。

调整1：增加趟数——提升速耐力

增加趟数的目的，主要是针对长距离的游泳选手或铁人三项选手所进行的速耐力训练，借以维持等速的持久力。

应该先维持每趟的间歇时间，接着开始增加趟数，而且每趟的抵达时间要维持之前的水准。以A选手来说，她的比赛距离是1500米，前几周能够维持8趟，随后增加2趟，维持2~3周后，再增加2趟，以能游完16趟且每趟都能维持在1分40秒到岸为目标。

就上述例子而言，此时间歇的目的在于让身体维持在1分40秒内游完100米，所以虽然你已经慢慢习惯，觉得好像可以更快，但不要急于提高速

度（比如加快到1分35秒以内）。为什么呢？这样不是代表变快了吗？原因是，不管进行间歇还是其他训练，都有一个既简单又重要的理念：一次只专注在一件事情上，不要贪多。

在增加趟数期间，2趟也许你觉得很轻松，所以会想加速以缩短到岸时间。但其实，不如重新把焦点放回维持速度上，设法调整动作，减少身体的阻力，设法让自己更轻松地游到1分40秒——这是在增加趟数时必须注意的。

以下的账面成绩至少要维持2周后才开始进行另一阶段的调整。

- 2011.11.16，100 米 × 16，2分钟（第8周后增加到16趟）
- 1分40秒、1分41秒、1分39秒、1分40秒、1分41秒、1分40秒、1分39秒、1分38秒、1分40秒、1分41秒、1分39秒、1分40秒、1分41秒、1分40秒、1分39秒、1分38秒

训练时如果后面的到岸时间超过1分42秒而且超过2趟，就再减2趟回到原本的训练趟数，直到能连续2周游到为止。

那么，等到已经可以连续以1分40秒游完16趟且持续2周之后呢？

调整2：缩短间歇休息时间——提升速耐力

提升速耐力的方式还有直接缩短休息时间，这是为了训练身体快速排除乳酸的能力。我们仍用上述100米 × 8的例子，调整成每趟1分55秒，同时要维持每趟到岸的时间：

- 2011.11.16，100米 × 8，1分55秒（2周后缩短5秒间歇时间）
- 1分40秒、1分41秒、1分39秒、1分40秒、1分41秒、1分40秒、1分39秒、1分38秒

账面上的成绩看似一样，但如果能游到的话，代表你的速耐力已逐渐提升。

上述的A选手已经可以用1分40秒（每人的时间不同）游完16趟，且持续2周之后，接着缩短了间歇时间，从2分钟一趟缩短为1分55秒一趟。

缩短5秒的游泳训练，至少要保持2周以上才开始进行下一阶段的调整。你也可以练到第3周或第4周，目的都是让你的身体适应，让你调整动作，以期能更轻松地游到规定时间。

当范例中的A选手的间歇训练进行到第16周时，间歇训练记录如下：

- 2012.01.30，100米×16，1分45秒（到岸的平均时间与间歇时间只差5秒）
- 1分39秒、1分40秒、1分39秒、1分41秒、1分39秒、1分39秒、1分41秒、1分39秒、1分40秒、1分40秒、1分39秒、1分41秒、1分39秒、1分40秒、1分41秒、1分38秒

此时这位选手在100米的速耐力上已经能稳定维持在1分40秒一趟了。经过16周的间歇训练后（期间当然也会搭配力量与技术训练）测试1500米时，成绩已经进步到26分钟（每个100米1分44秒）。

调整3：增加距离——维持速耐力

有时为了增加训练的多样性，可以在训练速耐力的过程中改变距离。原本是100米×8，2分钟一趟，每趟到岸时间1分40秒的间歇，可以调整成200米×4，4分钟一趟（间歇时间×2），每趟到岸时间3分20秒（到岸时间×2）。200米的间歇也是通过增加趟数与减少休息时间来提升速耐力。它可与100米的间歇搭配训练。

以范例中的A选手为例，2012.01.30（星期一）进行完100米×16，每趟1分45秒的间歇后，当周的第2次训练［2012.02.02（星期四）］，可以调整成200米×8，每趟3分30秒的间歇：

- 2012.02.02，200米×8，3分30秒
- 3分20秒、3分19秒、3分21秒、3分20秒、3分19秒、3分21秒、3分20秒、3分18秒

此项训练的时间不用求快，主要目的是以更轻松的泳姿维持等速。

上述3项调整都可增加你原始临界游速的耐力。

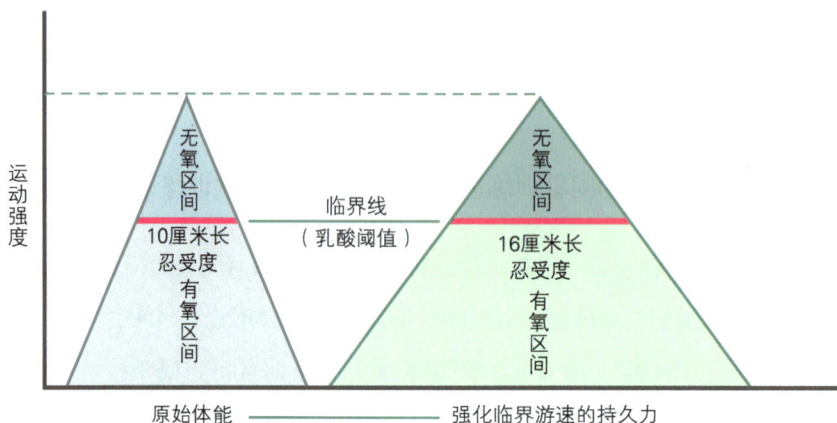

运动强度

无氧区间 10厘米长 忍受度 有氧区间

临界线（乳酸阈值）

无氧区间 16厘米长 忍受度 有氧区间

原始体能 ——————— 强化临界游速的持久力

这4个月的训练不只增加临界游速的持久力（加长红色的临界线）而已，还会使你的体能金字塔变得更稳重更厚实，接下来要开始提升游速时就会变得更容易。

调整4：缩短到岸时间——提升速度

耐力训练进行到一定的阶段后，就需开始提升速度。我们以最开始的100米×8间歇为例：间歇时间调整回2分钟一趟，但每趟到岸时间缩短5秒，仍从8趟开始进行。

- 2012.02.02，100米×8，2分钟
- 1分35秒、1分34秒、1分35秒、1分36秒、1分35秒、1分34秒、1分35秒、1分35秒

接着再反复进行上述16周的训练，先增加趟数，再减少间歇时间，直到间歇时间缩短到1分40秒为止。当然可能无法理想地在16周之内完成，只要期间某次训练无法达到目标时间，就要再退回调整之前的目标，至少维持2

周后再进到下一阶段。切记：不要冒进。一次只调整一种变量，习惯之后再往前进。

经过了32周，也就是7个月的间歇训练之后：

- 2012.05.20，100米×16，1分40秒（趟数增加、间歇与到岸时间都缩短了）
- 1分35秒、1分34秒、1分35秒、1分36秒、1分35秒、1分34秒、1分35秒、1分35秒、1分35秒、1分34秒、1分35秒、1分36秒、1分35秒、1分34秒、1分35秒、1分33秒

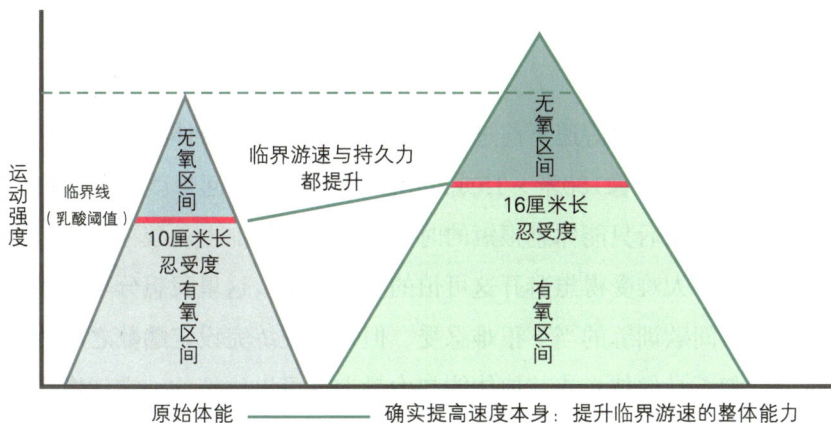

重新检验自己的游速

如果你每周持续进行间歇训练，建议每两个月测试一次自己的临界游速。因为通过这样的训练，可以加大排除乳酸的漏斗孔，让同一个临界游速维持得更久；也可以通过训练提高漏斗的容量，让自己的速度往上提。两个月的间歇训练进行下来，你的临界游速就会明显提升，需要重新测试当作训练的新指标（测试的时间在恢复周的最后几天较合适）。

○ 如何在临界游速下进行训练?

间歇训练的目的在于维持某种速度之后，只休息很短的时间，再继续以相同速度游完相同距离，反复超过3趟。

切记，进行间歇训练时的游速需保持在临界游速之下，训练的效果才会显现。也因为如此，前几趟会比较轻松，越到后面就越难维持速度；但相对地你更要坚持下去，如果后面几趟的速度降得太多，会使你此次间歇训练的效益大打折扣。尽量让每一趟的速度保持一致，这也有助于提升你长距离比赛中的配速。

○ 心理调整

每一趟都要在临界游速下前进，似乎每一趟都要让身体在乳酸的临界线附近挣扎似的，那些像100米×15或200米×8的计划看起来就让人惧怕，而且每趟用高速游完后只能休息很短的时间，喘不过气加上乳酸在身体里堆积的沉重感，都叫人难受得想避开这可怕的间歇训练。这里我想分享一些个人的经验，虽然间歇训练的当下很难忍受，但每次训练完设定趟数之后的满足与喜悦感，却不是像技术或其他体能与力量训练可以比拟的，它就像是从痛苦的乳酸地狱回到幸福的人间天堂一样。

不要想太多，当你确定自己的临界游速后，告诉自己："这是我目前的速度，我一定游得到，不管是10趟还是20趟，我要让自己的身体习惯这个速度。"虽然头几次训练时很痛苦，但接着你就会慢慢开始享受这个速度带来的愉悦感，那也就代表你开始进步了。

如果从第一趟到最后一趟都觉得很轻松，你可以试着提高速度。总之，唯一的原则是：那是你所能掌控且维持的速度。反之，如果你觉得到最后几趟时太辛苦了，几乎是用全力才能游到设定的秒数时，就延长几秒。就算每百米只慢2秒抵达，也会有很大的差别。那是因为每个人对乳酸的忍受力与排除能力各不相同，能维持在临界游速的时间当然也有所差异。虽然一开始觉得很轻松，但游了3~4趟后，排除乳酸的能力开始下降，乳酸就会开始堆积，很快就会因超过临界点（乳酸满溢超过负荷）而造成体能衰竭，你的身体就会很难受，同时下令减慢速度。如果你设定的速度在还没游到一半的趟数时就已经痛苦到无法保持时，最好的做法是直接增加设定的到岸秒数，让倒进漏斗的乳酸量减少，这样才能再度保持在动平衡状态。

○ 需要在临界游速之上进行训练吗？

一般人会直观地认为：就是要在自己的极限之上做训练，身体才会习惯更快的速度，所以在临界游速之上进行训练是必需的。遗憾的是，身体变强的机制并非如此运作。

以下页图左侧的高瘦型金字塔为例，浅蓝色金字塔是原始的体能状况，如果你大部分时间进行的间歇训练都是在无氧区间的强度，所增强的自然大多是身体里的无氧能力，有氧能力反而会"变薄"，临界游速的持久力也会"缩短"。如果你是短距离50米的冲刺型选手，时常进行此类型的训练当然是绝对必要的，因为有氧能力的"变薄"与"缩短"并不会影响你的比赛成绩，短距离选手所需要的，正是瞬间让体能完全爆发出来的能力。

但如果你想提升长距离游泳速度，就不需要在临界游速之上做训练。[2]因为在乳酸阈值之上进行训练不但对长泳速度没有帮助，也会让你觉得过度疲累而无法继续从事需要花更多时间的有氧训练。你需要提高的是在乳酸

2　虽然提高无氧区间的冲刺能力不是长距离选手的主要目标，但通过长时间的间歇训练，当金字塔的底部逐渐深耕厚实之后，无氧能力(也就是金字塔的高度)也会自然提升。

阈值以下的有氧区间的强度与持久力（也就是提高下图中红线的高度与长度），而非无氧区间的冲刺能力。过度的无氧训练，反而会使你的金字塔底部"变薄"与"缩短"临界游速的持久力，那是长泳选手或铁人三项选手皆不愿见到的情况。毕竟谁愿意在长久忍受缺氧的乳酸地狱之后成绩却退步呢！

○ 小心假性进步！

假若一开始进行间歇训练，急于缩短到岸时间，甚至只进行比临界游速还快的间歇训练会发生什么事？经过一段时间的训练后会有两种可能性。其一，你的临界游速真的提升了，但实际上金字塔的厚实度却没有改变。而且由于你速度改变太快，趟数无法维持，因此临界游速的持久力很可能会下降（见下图右侧金字塔从10厘米降到8厘米），而原始临界游速（虚线）的持久力也没有变好（还是10厘米）。第二种情况更糟，表面上短距离25米或50米的速度确实变快了，实际上的体能金字塔却变瘦弱了，也就是整体的体能变差。这很像一种假性的进步，表面上测出来的临界游速与短距离成绩确实

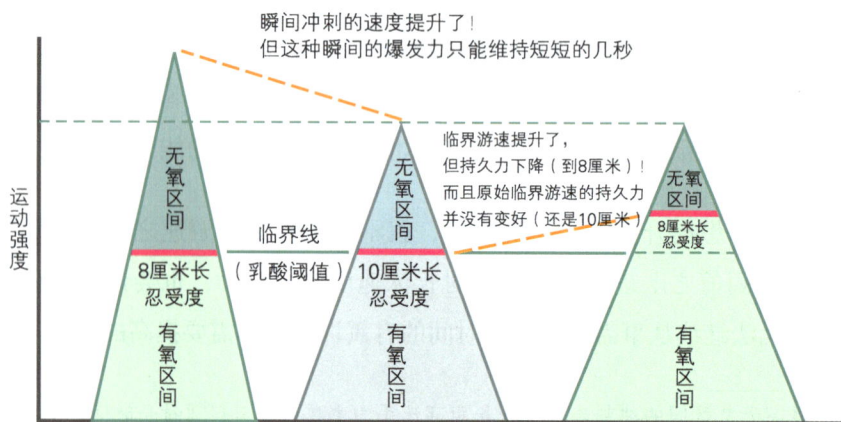

瞬间冲刺的速度提升了！
但这种瞬间的爆发力只能维持短短的几秒

临界游速提升了，
但持久力下降（到8厘米）！
而且原始临界游速的持久力
并没有变好（还是10厘米）

运动强度

无氧区间 | 临界线（乳酸阈值） | 无氧区间 | 无氧区间

8厘米长忍受度 | 10厘米长忍受度 | 8厘米长忍受度

有氧区间 | 有氧区间 | 有氧区间

无氧能力变好，有氧耐力"变薄"，临界游速的忍耐时间也变短（阈值线从10厘米缩短为8厘米）

—— 原始体能 —— 临界游速提升/持久力"缩短"

有所提升，实际上整体的体能却没有改变，甚至变得更差。

再强调一次：想扎实地提升速度，就不要用过快（过快是指比临界游速还快）的速度进行训练。拿举重为例，如果现在你能举起40千克重的哑铃，目标是举起50千克。你能够直接拿50千克的哑铃进行练习吗？当然不能，因为你不是根本举不起来，就是因过度勉强而受伤让你无法训练。所以，正确的训练方式是先从35~40千克开始，让身体适应那重量，经过一段时间后就会开始进步，直到你突破原来40千克的限制。接着再适应40~45千克，慢慢往目标50千克靠近。对提升游泳速度来说，也是这样。

完全不用练冲刺吗？

无氧的冲刺训练仍可以带来一些好处，像是让你的神经系统记取经验，体会到超过临界游速是怎么样的情况，那种速度感、水波和压力与有氧发动机驱动的速度有何不同。因为无氧间歇训练会让你体会一种痛苦的缺氧经验，你可以把秒数记下来。在正确且有效的间歇训练之后，你将可以换成以有氧发动机轻松自在地驱动身体在相同的速度下前进。但假若不知道目前无氧发动机的极限在哪里，你就无法获得这种前后比较所带来的成就感。

总之，说了那么多，目的只是希望大家能扭转提升速度必然是要练习到喘不过气来、表情狰狞痛苦不堪才能进步的刻板观念，事实上那样"高速"的训练并不能有效提升泳速；反倒是把训练的强度设定在临界游速附近或略低于临界游速的有氧区间，拉长训练时间，才会更有效果。

04

当别人的

游泳教练

会游泳与会教游泳是两种不同的能力

"在奥运赛场上那些厉害的选手都是天生的！"这句话有没有问题呢？让我们看看马克·史毕兹（Mark Spitz）的例子。他在1972年的慕尼黑奥运会中一举夺得7枚金牌（分别是男子100米自由泳、200米自由泳、100米蝶泳、200米蝶泳、4×100米自由泳接力、4×200米自由泳接力、4×100米混合泳接力）。当他的教练詹姆斯·康西尔曼（James Counsilman）请史毕兹描述他游自由泳的划手动作时，他非常详细地描述了自己如何在入水到出手的过程中取直线路径利用直臂划水。[1]通过第1章介绍的划手的5个阶段，我们都知道他说的是错的。

"错的?!"曾拿下奥运会7枚金牌的选手的划手动作是错的吗？

当然不是，动作是完美的，错的只是他的描述。

事实上，康西尔曼教练分析史毕兹在水中的划手动作时，认为根本并非如他所说的直臂，而是在手肘处呈直角屈臂划手，路径也非直线，而呈S形。为什么会这样呢？

因为史毕兹是天才型选手，他并不是依循某个游泳的理论或某套技术来游，他的水感是天生的，他的划手全靠感觉，所以才会对自己动作的描述有如此大的误差。这同时也说明史毕兹在游泳时不会特地想做到什么动作，他的脑子里并没有装着像我们之前分析的入水、抓水、抱水、推水、提臂这么琐碎的事情，而

1　这一段记录摘自Counsilman, James E.*Competitive Swimming Manual for Coaches and Swimmers*. Counsilman co., Inc. Bloomington, In, 1977。

是"直接"把手往后划让身体前进。这除了因为天生的才能，也可能因为他从2岁就开始学游泳，8岁就进入游泳队训练的关系，所以他能够自然地游出完美的动作，而不用思考"如何游"的相关知识。

○ 不会游泳的金牌教练

美国的谢曼·查伏尔（Sherman Chavoor）是多位奥运会金牌得主的游泳教练，在他的执教生涯中所指导的选手，曾经打破74次奥运会纪录、62次世界纪录、得过16枚奥运会金牌，可以说查伏尔是一位能力卓越的游泳教练。某次国际游泳赛结束后，美国队获得好成绩，队员们非常兴奋地把教练抬起来往上抛了好几次，后来索性直接把教练给抛进深水区里，没想到教练竟然在水里挣扎，而且逐渐沉入水中。队员们都以为教练在开玩笑，但过了许久查伏尔都没有浮上来，这时队员们才赶快跳下去救教练。直到那天他们才发现原来教练——这位游泳训练的专家——竟是旱鸭子。

我举这两个例子，是想让你知道优秀的游泳选手不见得可以当一位好教练，优秀的教练也不见得要是一位游泳高手。会游泳跟会教游泳这两种能力，就像是优秀的赛车手与车队技师一样。因为像史毕兹那类的天才型选手虽然可以自然而然地掌握水感，但他们不知道自己是如何达到如此完美的泳姿的，当然也无法教你达到。也就是说国家队选手不一定会是好教练。当别人向那些厉害的游泳选手问起要怎么游时，大多数人都说不出个所以然来，就像会骑自行车的人，永远不懂为什么有人不会在车上保持平衡一样。事实上，许多优秀的教练不见得是游泳好手，却可以教出优秀的游泳选手来。所以，相对来说，就算你觉得自己游得不是最好，却可以是好教练。就像查伏尔虽然不会游泳，却具有敏锐的观察和指导才能一样。

○ 游泳教练的任务

游泳教练的工作可以分成两个层次，所需的能力不太一样。第1个层次是把完全不会的旱鸭子教会，或让怕水的人变得不怕水，能够在水中漂浮与闭气，进而学会自行换气游泳前进。面对不同的人，如何用最有效的方法教会他们游泳是一门学问。下面会介绍具有效率与普遍性的教学步骤。

第2个层次是改善已经会游者的泳姿与能力，让他游得更好。这样的教练需具备两种能力，第一要先学会诊断，要先通过观察知道别人的动作中哪些地方有问题，哪些地方需要调整，且分析这些问题是因为体能或力量不足，还是技术上的动作错误造成的。

诊断出游不好的原因只是第1步，接着第2步是知道如何改善。许多教练只是告诉别人他所看到的问题，要求他改过来，但是大多数人在面对指正时却不知该如何做到教练所要求的动作。因此，教练需要有对症下药的能力，找到问题所在，设计适合每位学员的训练方法，让问题能逐步修正，而不是将错误的动作一步纠正到位。因为在很多情况下一步到位是不可能的。

当初级教练：如何教旱鸭子游泳？

只要你喜欢游泳，常到泳池里游，大都会接到一些"意外"的教学任务，委托人可能是亲朋好友、邻居，或只是游得不太好的泳者。对这些人你可能有教学的热情，但到底该如何让完全不会游泳的旱鸭子学会在水中前进呢？

初学者最好从自由泳开始学起，因为只要掌握到自由泳的要领，其他三式就能很快地学会。但自由泳要先从哪一步教起呢？是划手、打水还是漂浮？

○ 教学之前，先确认学员是否会憋气、韵律呼吸与漂浮

如果还不会憋气漂浮在水中（手脚完全离开池底与池边，只靠浮力支撑的状态），就还谈不到自由泳的教学步骤。

若对象是小朋友，一开始可以先教他们用嘴巴在水中吹泡泡，学会在有水压的空间把空气从胸腔吐出，接着再教他们改用鼻子吐气。为什么？因为相对于嘴巴，鼻子无法自由关闭，所以一般初学者在进行后面的教学步骤时，常会因鼻子进水而呛到（嘴巴可以闭起来所以不容易进水）。因此，如果习惯在水中保持用鼻子吐气，水就不会跑进鼻腔里，呛水的概率也会下降。

一开始学习韵律呼吸有两个主要目的：一是使初学者不要总是在水里憋气，否则会造成身体的肌肉过于紧绷；二是学会在水中吐完气后快速冒出水面吸气的基本能力，同时也为将来学习游泳的换气打下基础。

学习韵律呼吸时应注意，在水里吐气的时间要拉长，让空气慢慢从身体里流出鼻孔，随后冒出水面吸气时则要快速，而且只吸一口后就立即下潜（要求初学者不要在水面上停留太久吸好几口气才下潜），一下潜立刻开始吐气。只要初学者能够做到慢吐快吸，而且吐与吸之间连贯不中断，就算是完全学会韵律呼吸了。

○ 教学第1步：徒手仰姿打水

双手置于股侧，保持身体水平

目的是先让初学者学会如何同时漂浮在水面上打水与保持平衡。一开始先以仰姿进行，因为仰姿不用憋气，口鼻皆可在水面上自由呼吸，身体比较容易放松。如果无法单独顺利漂浮打水，可以请他人辅助扶着肩膀或头部，

对初学者来说会比较容易学会。这个他人可以是你的朋友或家人，他可以帮助你维持一开始难以独自做到的平衡。

这项练习的目的不在于让身体前进多快，而是你能否尽量放松身体水平地漂浮在水面上，且让身体保持平衡。平衡对游泳来说意义重大，所谓"衡"在古代指的是"秤"，是一种利用秤杆的平准与否来量轻重的器具；"平"则是指不偏不倚的、不高不低的。"秤"（或者说"衡"）在高低振荡间不断地测试与调整之下，才能达到水平的状态。也就是说，第一阶段的练习即让初学者不断在高低振荡间测试与调整自己身体的位置，最终目的是达到水平的状态。

如果不行，也希望能在他人的辅助下达成；不要利用双手环抱浮板辅助练习，因为浮板的浮力会破坏身体本有的重心位置。每个人身体的重心位置皆不同，对刚接触水中世界的初学者来说，更要用自己的身体本身进行测试与调整，才能学会在自己"身体本身浮力"下的平衡技巧，而不是去学习"身体本身＋浮板浮力"的平衡感，那样的学习通常是没有用的，因为一拿掉浮板，浮力与重心就会改变。

在教这个技巧时有几点需要注意。

▶ 形成头高脚低的姿势怎么办？这时你可以提醒初学者：身体向后，头部直接躺在水中，像躺在柔软的枕头上似的，颈部切勿使劲上抬；水面刚好接触在泳镜的两侧镜框边缘处，离嘴角不要超过3厘米。你可以让他想象把95%的头都藏在水中，头部位置越低，越能让身体维持在平行于水面的平衡状态，如此可以让身体更贴近水平面。练习过程中，必然会因为其他泳者掀起的水波，淹过初学者口鼻而造成呛水，这时鼻子吐气的韵律呼吸练习就可拿来运用。告诉他嘴巴闭好，水淹过鼻孔到水进到鼻腔而产生呛水时，会有一段可以控制的时间，只要这段时间能利用已经学会的韵律呼吸，在鼻子吐气的气压下，流进鼻孔的水就会被排出，之后就可顺利吸气。总之，作为初学者的教练，你必须让他学会不抬头保持稳定地维持平衡，就算口鼻进水也不要紧张地抬头，而是利用已经学会的技术——韵律呼吸——让平衡稳定持续下去。

▶ 膝盖不要出水面。若出了水面，你可以提醒初学者两点：其一，向上打水到脚尖刚接触到水面，随后要立即用大腿下压，如此一来自然会带动膝盖与小腿伸直；其二，缩小双腿甩动的幅度。你必须提醒初学者，这项练习的目的不在速度或距离，而在平衡与稳定，如果膝盖或脚跟出水就会形成水花，双腿甩动的幅度过大就会让上半身与头部开始晃动，这样就达不到这项练习的目的。

▶ 头顶—颈部—脊椎必须呈一直线（如果过度抬头，头顶就会朝向天空），而且，这一直线与脚尖所呈现的身体线条，不能像"·～"或"·⌒"或"·⌣"，而应该是利落且修长的直线"·——"。身体前进的感觉就像是头顶的发丝被人缓缓无痛地拖着前进似的，教会初学者这样的想象，可以帮助他把身体拉长与保持流线型姿势。

旋转身体

一旦上一项练习你已经能单独靠自己掌握到一定程度后，可以进到下一阶段：旋转身体的重心，使其中一侧的肩膀与手臂露出水面，而且同时要保持原有的稳定与平衡。

一开始可以先从惯用手那边开始练习，直到能够稳定地维持平衡50米后，再开始练习另一边，等到两边都控制自如后再练习途中转动。

注意事项与上一项练习完全相同，唯一需要额外注意的是转动时身体的轴心不动，也就是头与脊椎要构成稳定的直线。你可以在学员额头上放一杯水，如果能在转动的过程中连续维持200米以上水杯不会掉下来，就算练成这项技术了。一开始可以先从每25米转动1次身体练起，随后再慢慢增加转动的次数，熟悉后，可以要求他每打6下腿就转动1次。

○ 教学第2步：侧姿打水

　　当初学者能熟练地旋转身体，而且头部仍能保持正直之后（额头上的杯子不会掉下来），接着要进行侧姿的平衡练习。此项训练的目的是让初学者在水中前进时，掌握水阻最小的体位，因为侧身前进时面临的水阻横断面的面积最小，但也因为身体变成横立姿势，会变得更难保持稳定。

　　同样，一开始练习时也建议有人辅助进行，帮初学者把身体的各部位调到最理想的位置。学游泳最困难的一点就是学员看不到自己的动作，教练的责任之一就是当学员的眼睛，告诉他目前游的动作，以及该如何调整。但与其用嘴说，直接用手帮他调整姿势是最直观且有效的方式。

双手置于股侧，把头藏进水中

　　需要注意的是：

▶ 整个头都藏在水中，让后脑勺、颈部与脊椎保持一直线。面部朝下看向池底，微缩下颚，好像下颚快要贴到喉头似的。只要能做到上述动作，就能确保下半身不会过沉。

▶ 双腿改成左右甩动打水，幅度不要宽于身体的厚度，两条腿靠近不分开。提醒初学者打水时不要太用力，只是轻松地用大腿小幅度地甩动而已。

两个水平面创造身体的最小阻力

▶ 一开始先测试与调整自己身体的位置，最终的目的是达到水平的状态。这里的水平是指下侧肩、髋部、膝盖与脚掌所连成的线，能够与水平面平行。

▶ 双肩分别在水面上下方，而且两者连成的直线要与水面垂直，从这条线往后延伸到肩、臀部与大腿这整个面都应与水面垂直，像是一块木板横立在水中。

只要能在这两个水平面按上述要求保持身体平衡，不久后身体就会记得，将来加上划手动作时也将平顺许多。

○ 教学第3步：单臂前伸，加长"船身"

接着改用单臂前伸时身体重心发生改变，让身体习惯各种不同重心的平衡状况。当手臂前伸时，身体也因此加长，水阻变小，前进的感觉会变得更明显，有助于初学者体会到前进的成就感。

一开始可以先由他人牵引，让初学者体会到所谓的"利落且修长的身体"是什么样的感觉。那种体会可以帮助初学者的身体烙印下低阻力的流线感，而非挣扎着用力打水的不良印象。

前述两个动作必须注意的重点在这项练习中也要一一做到，而且还有额外的事项需要学习。

▶ 水中前伸的手掌不要高于肩膀延伸出去的水平线。很多初学者在前伸手臂时会过度紧绷，而把手掌向上抬（甚至抬出水面）、前端向上跷的结果，会使得头部与下半身相对地向下降。手掌应该略低于肩膀延伸出去的水平线，除了平衡身体的跷跷板，也有助于往后划手时水感的形成（这一点我们已经在前文提到了许多）。

◎打水的幅度不超过身体的宽度

○ 教学第4步：转身换气

侧向打水之后，若觉得气闷，就先进行韵律呼吸的前半部——用鼻子吐气，边吐气边转动身体至头部浮出水面才吸气。可以提醒初学者保持这个姿势，直至呼吸调整顺畅后，再转身至侧向打水的姿势，不用急着转回来。

当这一连串的动作熟悉之后，再练习只是转动头部而且保持侧向的打水动作。或者可以先慢慢调整转动身体的幅度，以能舒服地换气而且能不破坏身体平衡为目标。

○ 教学第5步：换手＋换气

一开始可以先从直臂开始，换完气头部回到水里之后，原本置于大腿侧的手臂伸直且在空中画一半圆入水，顺势转动躯干让提臂的那端身体没入水中，原本的前伸臂同时划到大腿侧。当动作完成后先把注意力放在维持身体的平衡上，接着再转动身体（已经熟悉转头换气者可练习身体不动只转动头部）。

　　直臂换手练熟之后可以要求初学者改用屈臂，也就是提臂后放松手肘与手掌，让肩膀带动手臂往前移动，直接在头前入水。要注意：放松的指尖离身体越近越好。入水之后顺势旋转身体至另一侧，同时划动前伸臂至大腿侧。维持平衡后再转头换气。

　　当初学者已经掌握了两次换手＋换气的动作之后，可以改成3次或5次换手后再转头呼吸，这可以训练初学者在转动的过程中放松身体，不要太过用力打水与划手。如果3次换手时初学者就变得气闷很想抬头，代表他动作太过用力，耗氧量过多，所以应该先从基础的侧边打水和换气开始。

当小朋友的教练：如何教初学游泳的孩子？

◎2003年开始教游泳的作者与孩子们

答案是什么都不教，先陪孩子玩水。等孩子适应水里的浮力与失重感后，再开始教技术性动作（尽量少用知识性语言说教）。面对学游泳的孩子，我个人秉持着运动"教""养"的理念在教小朋友游泳。

▶ **教**：把自己会的某些知识与技术传授给孩子。

▶ **养**：孩子本身已具备能力，我们只是试着发展与培养那些能力。

最近我和父亲在开垦土地，种上各种果树与菜苗，树苗刚买来时还不到膝盖，两个月后已经快长到肚脐高了。对植物来说，只要记得浇水与施肥，它们就会自然成长茁壮，成长对植物来说是它们与生俱来的能力，我和父亲只是外力的辅助而已。我们并不用教它们生根长叶与开花结果，只要适当培养——**陪伴与养护**，它们就会自然成长茁壮。我们可以培养它们，但我们无法教植物任何事。橘子树永远只能长出橘子，龙眼树也永远只能生出龙眼来。

对孩子来说，游泳是天生具备的潜在能力，我们首先需要培养它，先培养孩子天生好动与爱玩水的天性。直到孩子熟悉水性之后，才需要通过教练的外在知识与技术修正。对孩子来说先培"养"再"教"是最佳的学游泳方式。

○ 先陪伴孩子玩水

培养孩子水性的关键是陪伴，这是每一位父母亲都做得到的。陪着孩子在水中做各种活动或游戏，不用严肃地教他们什么，只要陪着他们玩水，照顾他们的安全即可。只要这样，他们的身体就会自然地成长茁壮，因为只要待在水中，水阻与浮力自然就会增强孩子的肌肉、骨骼、关节与韧带，促进孩子身高增长，使孩子体格健壮，身材健美匀称。

运动能教会孩子些什么？运动能培养孩子什么样的能力？这也许是父母亲与老师很少思考的问题。台湾出版界最近出版了一本《运动改造大脑》的科普书（2014年中国大陆出版了中文简体字版，书名改为《动起来更聪明：运动改造大脑》），其中收录了许多运动与大脑发展间的相关研究成果，科学家已经证实有氧运动后大脑中会产生一种类似触发神经元生长的促媒，被称为"大脑的神奇肥料"。

适应水性之后再开始教学

父母亲可以做到陪伴孩子成长，但要教会孩子专门的技术却并非每一位爸妈都做得到。比如划手的技术、打水的技术、换气的技术，这些属于专门知识，可以帮助孩子游得更快更好。虽然父母亲无法教专业技术，但相对于学会游泳，陪伴孩子玩水、养成基本的水性与喜欢游泳的兴趣更为重要。

许多妈妈常会问我几岁让孩子学游泳比较适合？是越早学越好吗？

并非如此，实际上，不是越早**学**游泳越好，而是越早**接触**水越好。孩子小的时候家长可以多带孩子在水里玩，先培养水性。年纪太小就送给专业教练教，教练根本无法把知识与技术教给孩子，因为学游泳需要一定的理解能力，孩子太小无法理解，效果不会很好，只是浪费学费；再者，孩子根本还没花时间适应水性，前几堂课教练也只能陪着孩子适应，这些本来都是父母亲可以自己完成的。总之，先培养孩子的水性之后，再交给教练，学习上会比较有效率，孩子也学得比较愉快。

如何培养孩子适应水中的浮力？

第1招：站在浅水处用手掌拨水

手掌像是桨面，用它来回拨动水面，可以让孩子感受到掌心形成的水压。习惯以后，可以进一步往前弯腰，让水的浮力承担部分的体重。有些学习能力好的孩子，很快就可以利用摇橹式划手动作让水的浮力承担水中的体重，使身体浮在水面上。

第2招：张开手臂在水中向前跑

可以先让孩子体验到水中的浮力与阻力，克服最初对水的恐惧感。

只让头浮出水面，肩膀以下皆要没入水中。熟悉之后可改成向后走，但要提醒孩子不要往后看。

第3招：在水中跳跃前进

可以让孩子短暂体验到漂浮的感觉。

跳动过程中不要让肩膀浮出水面，不是往上跳，而是向前跳，让孩子体会在水中漂浮前进的感觉。

接着可以让孩子体验侧向，像是螃蟹一样在水中侧向跳跃前进时，阻力较小的感觉。

第4招：抱着浮板前进

将浮板的正面朝前，利用浮板制造更大的浮力与阻力。接着改成将浮板压在水中向前走。这两项练习都可作为代替孩子拿浮板完全漂浮在水中的体验。

第5招：抱着浮板漂浮

屈起身体，脚掌离开池底，利用腹肌使大腿贴齐浮板边缘，头部以下全浸在水中。教练可以先帮忙，辅助孩子的身体保持平衡。

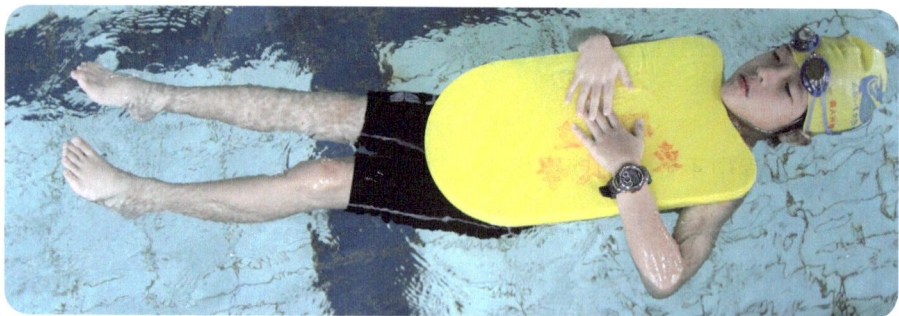

第6招：坐在浮板上

这是完全浮在水中的初体验，对孩子来说也是有趣的游戏与挑战。

○ 小朋友不敢憋气怎么办?

可以先教孩子用嘴巴在水面上吹出水波，接着让他慢慢把嘴巴沉入水中吹出泡泡。熟练后就试着问问："我们戴泳镜下去看你吐出来的气泡好不好?"其实在水里学会吐气是学会憋气的第一步，只要会一直吐气，自然就会憋气了。

先教吐气，自然就会憋气。对游泳来说，在水中憋气的情况本来就很少，我们在游泳过程中时常保持吐气，口鼻露出水面后直接吸气。过度憋气会造成胸腔过度紧绷等许多问题（过度憋气的坏处参见第1章中的"换气不是学会就好"）。

若小朋友不敢完全将头没入水中，可用下列方法循序渐进地引导。

第1招：在水面上吹出水波。先让孩子建立自己所吐出的气与水之间的关系。

第2招：只让嘴巴没入水中吐泡泡。先在水面上只用嘴巴进行，接着才把头埋进水中用口鼻同时吐泡泡。

第3招：先训练孩子在水面上用鼻子吐气。把手指放在孩子鼻子前面，让他嘴巴闭紧，用力把空气从鼻孔吐出来，随后张嘴吸气，接着再闭紧嘴把空气从鼻孔用力喷出。当孩子可以在水面上控制空气从鼻子进出后，接下来下水进行的韵律呼吸也会比较容易。

第4招：口鼻皆没入水中用鼻子吐气。学会第3招之后，可让孩子先戴上泳镜，紧闭嘴时用鼻

子吐气，接着快速沉入水中数到3再上来，整个过程中都不要停止吐气。如果能做到这一步，他慢慢就不会害怕把口鼻没入水中，也能逐渐学会憋气了。

○ 韵律呼吸：学会换气的基础

若孩子已经敢将头部没入水中用鼻子吐气，接着要教孩子养成韵律呼吸的习惯，也就是头部一入水就慢慢用鼻子吐气，一出水面就吸气。因为嘴巴可以闭起来，所以没有呛水的问题，一般孩子的呛水都是发生在鼻腔，所以要让孩子养成用鼻子吐气的习惯，因为鼻子保持吐气，水就不会跑进鼻腔里。

第1步：入水慢吐，头部出水发出"噗"声后吸气随之入水

为什么要发出"噗"声呢？因为发"噗"声之前必须紧闭嘴巴，可以让孩子习惯在水中闭紧上下唇，而且出水后发出"噗"声可以把从头顶流下来的水喷开，这样孩子吸气时就不容易吸到水。换气时吸气时间越短，身体越不容易失衡与下沉。所以，一开始让孩子学习韵律呼吸时就要练习慢吐快吸的方式。

第2步：增加重复次数，牵着孩子一起做

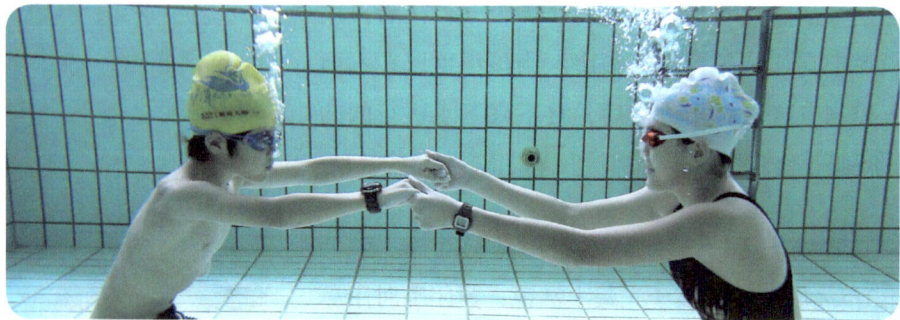

在水中看着孩子，要他跟着你一起用鼻子吐气，出水发出"噗"声，只吸一口气之后，随即沉入水中。水中吐气与水上吸气之间要连贯。一旦孩子已经能重复做30次以上，就可以慢慢领着他进入深水区（水深超过孩子身高的区域），引导他挑战深水区，克服那种水把全身淹没的恐惧感。教他跳起来快速让头露出水面吸一口气之后，潜入水中慢慢吐气，吐完再蹬池底跳出水面吸气。你可以陪孩子从浅水区跳到深水区，再跳回来。这也是教导孩子在泳池中自救的方式。

◌ 憋气与下潜：控制身体在水中的浮力

等孩子熟练掌握韵律呼吸的技巧后，再开始让他学习全身没入水中的憋气与下潜。若一次吸太大口气，身体是沉不下去的。你可以教孩子如何通过吐出身体里的空气来帮助身体下沉：把头沉入水中之后，开始吐气（口鼻皆可）。如果吐得不够快，身体就会浮起来，或是只下沉一点点。学会吐气让身体下沉之后，可以改成仰躺姿势，让身体慢慢躺下来，直到整个背都碰到池底。

小朋友可以看着气泡从自己的口鼻吐出，在水中越变越大（因为水面的水压变小的关系）直到浮出水面消失。如果小朋友无法躺下去，可以先改为臀部坐在池底的方式。让孩子学习边吐气边保持放松，同时看着自己身体里的气泡逐渐上升变大的有趣现象。

这个游戏可以训练小朋友持续且稳定地吐气，有助于将来换气的学习。因为吐气／放松／下沉的感觉，会让小朋友记得在水中吐气时身体的放松感，将来游泳时身体就不会那么紧绷。

第1招：坐在池底猜拳。

第2招：用手捡起池底的硬币。小朋友会发现手要触到池底捡硬币时身体会一直往上浮，一开始让孩子自己找到下潜的方法，接着你可以教孩子不要吸太大口气看会不会比较容易。

第3招：趴／躺在池底。让孩子挑战全身贴到池底，这并不容易。你可以教孩子把胸中的空气吐完，让孩子体验到一边吐气身体一边在水中下沉的感觉。

为何初学者很难学会换气？如何避免呛水？

　　我教过的很多初学者都不习惯在水中吐气。他们会在嘴巴浮出水面时同时吐气与吸气。那么短的时间要做两件事，时间自然会拉长，因此就会刻意把头向上抬很高，以争取口鼻浮出水面的时间，造成身体在换气时上下起伏太大，头抬得越高下半身就越沉，同时形成多余的水阻，游起来当然也就比较费力。这时只要能提醒初学者换气前先在水中把空气吐掉（鼻子吐气），转头时只要吸气，即能改善这个问题。

　　为何要用鼻子吐气呢？因为在转头换气时，难免会有水跑进鼻子里，当我们吸气时，鼻子中的水就会被吸进去，所以在吸气前，鼻子一直保持吐气，鼻腔就会保持畅通。

○ 小朋友浮不起来怎么办？

　　漂浮练习应该在孩子适应水性一段时间且会憋气之后才开始。当孩子在进行下列的动作时，最好在旁边轻扶，那种碰触孩子身体的动作会给他们带来安全感，让他们能比较放松。

　　第1招：趴睡练习。身体完全放松，像是趴在床上睡觉一样，把身体交给水的浮力。俯漂是最接近游泳的动作。一开始先让小朋友的手脚自然下沉，做了几次熟悉以后，可以拉着孩子的手向前进，让孩子体验到水流流过身体的感觉。

第2招：水母漂。双手抱膝，下巴贴着膝盖。

第3招：拉着孩子漂浮前进。让孩子体验到速度与浮力间的关系，以及水中前进时水流流过身体的快感。

当孩子已经在水中悠游自在几个月之后，就可以交给专业的教练，学习正确的游泳姿势。

为什么小朋友比大人容易学游泳？

学龄前的孩子是柔软度的巅峰阶段，此时是培养身体本能最好的时期，也是学习各种知识的黄金时期。只要小时候花过一段时间学会游泳的人，即使年纪渐长后再重新尝试游泳，因为身体在成长过程中养成了适合游泳的身段，所以再下水时，过不了多久就能很快找回感觉。对那些从小就练游泳的选手来说更是如此：他们从小时候开始，身体就已经习惯待在水里的感觉。不像大人的身体已经定型——肌肉与关节的韧带较为僵硬，抬臂、转肩或转头的角度都变小，肩膀难以流畅地转动，背部难以打直，或是脚踝太过僵硬以致无法柔软地打水。

假设你是成人后才想学游泳，因为身体是已经习惯了重力这一单一力场的系统，初进入这个加入浮力与水阻的蓝色世界里，对你来说就像刚从失重的羊水世界来到人世间一样，水中的世界太陌生了！长久以来被锻炼成"直立身体与重力场平行的移动方式"的身体各个部位，一到水里身体趴下来前进时，忽然与重力场变成垂直状态，不管是肌肉或是内脏都无法立即适应。再加上水的浮力与阻力，对重力场的整个感觉都改变了，难怪刚下水时会感觉如此不自在。

但适应只是时间上的问题，只要有恒心、常下水，让身体习惯待在水里的感觉，身体和代谢系统就会渐渐适应水中的浮力与重力场。但是长年来与游泳绝缘的成人根本就不知道该发展哪些肌群，又该如何锻炼。就像是养殖场的鸡一样，有翅膀却不知道该怎么飞，所以尽管游得多练得勤，却总是游不好也游不快。

若早在学龄前就学会游泳，即使后来游泳生涯一度中断，身体仍会记住水中的重力场，只要一下水，相关的肌群就会很快被激发起来。总之，若能在柔软度最佳的时期学习游泳，将能使泳技进步神速。

教孩子时的用语

教学时尽量不使用以"不要……"开头的话语

尽量使用正面性回馈用语。比如：孩子在练习换气时头会抬得太高，以致下半身太沉。别用"头不要抬那么高"这种没有用处的指令式用语。你可以说："换气换得很好，换气时把水中的耳朵贴在肩膀上，让其中一只眼睛沉在水里，看这样你可不可以换到气？"

肯定孩子已经做到的部分，接着设立挑战，让孩子在自己已经会的动作基础上，更进一步往前行，从挑战中摸索出更轻松自在的泳姿。而不是只挑出缺点指正，完全否定他已经学会的部分。

鼓励："很好，你很努力"，而不是"很好，你真聪明"

对出生之后99%的时间都待在陆地上的初学者来说，要把衣服脱掉换上泳衣泳裤，重新面对一个陌生的水中世界，身心的挣扎并非可以在水中悠游的人所能体会的。

鼓励做得好做得对比指出缺点更容易让初学者有动力继续学游泳。鼓励的话语可以分为两种类型："很好，你真聪明"或是"很好，你很努力"。如果你时常用"你真聪明"赞赏孩子某个动作练得很好时，小朋友心中会以为他之所以能做到是因为自己很聪明，而不是因为他努力练习。在学习的过程中这会带有某种暗示——无须努力即可成功，因而使孩子失去努力做到更好的动力，而且，一旦做不到接下来更难的动作，他们会以为自己"不再聪明"了，觉得自己"没有做这个动作的聪明劲儿"，因而轻易放弃。

反之，如果时常肯定孩子的努力，即使一开始做不到比较难的动作，孩子也不会失去信心而觉得自己做不到，他会认为这是因为自己努力不够，这样孩子就不会因为一直喝水、一直沉下去或一直做不到保持身体稳定的平衡动作而中途放弃。想学会游泳最重要的是持续努力。

当进阶教练：诊断/纠正自由泳常出现的毛病

○ 划手常见的错误

虽然我们已经知道有效的划手姿势与划频，但往往还是不自觉地犯下一些常见的错误。以下一一举出来，你可以借此检视自己是否也有相同的毛病。

朝外的手掌： 手臂向外打太开

直臂的手： 增大挡水的截面面积

直臂划手适合初学者学习，但没有效率。在抓水与抱水的过程中，如果直接以直臂方式把水往下压，就像你撑在木板的顶端将身体往上抬一样，不仅完全无助于前进，还会让身体上下起伏、腿部下沉。由于身体就像跷跷板，当你的手掌向下压水，上半身跷起，下半身自然沉落，因而形成不利于前进的身体位置。

许多以直臂划手的人无法学会高肘抓水与抱水的原因为三角肌和背阔肌没有力量，有类似问题者可参考第2章的抓水与抱水的力量训练。

跨界的手：致使身体左右摇摆

抱水时手臂切勿离身体太远，否则力量会流失，前进的方向也会偏移。因为支撑点的所在位置将决定你拉动身体前进的方向，如果向身体外侧抱水，支撑点落在中心线外，身体就无法平衡于中轴前进。如果你闭起眼睛时很容易游歪碰到水道绳，表示你在划手过程中支撑点跑到身体中轴外侧了。总之，抱水时不要抱到身体的中心线之外的水。

过高的手掌：抓水位置太高，致使水感无法形成

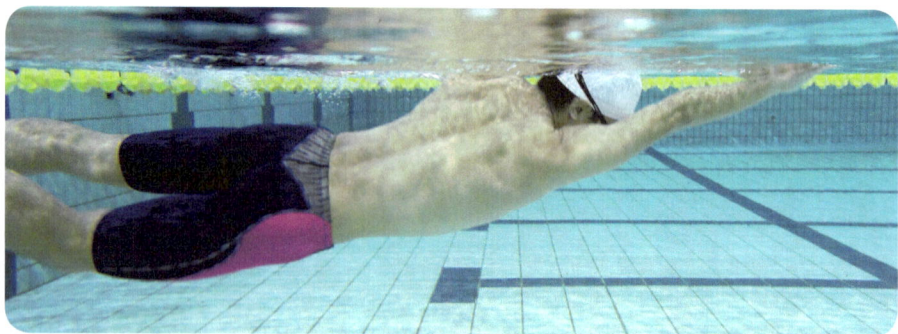

如果开始抓水时，手掌的位置高于身体的吃水线，会使你无法把体重转移到形成支撑点的手掌上。重心应该放在前伸臂，而非胸口或是其他部位。唯有重心不断引导到前伸臂上时，我们才能有效地利用重力带动身体前进。

上述4种划手问题的建议改善方式：皆可以利用第1章所提到的"单手前伸侧姿漂浮"，将手掌与肩膀的位置烙印在身体里。

向外打开的手臂：提臂时手掌离身体太远

提臂是放松的时候，手臂必须在此时尽量休息，才能再度入水做功拉着身体向前游进。但休息并不是彻底放松，如果放松的部位错误，反而会失去身体的稳定性与划手的效能。

提臂时最常犯的错误是手臂向外打开，手掌离身体太远，这会使手掌跑到身体外侧去，由身侧绕了半圈才回到头部前方入水，因而形成不好的侧向力。有些手臂打开得比较夸张的人，手掌就像在水面上画个半圆一样，因为是从身体外侧入水，尽管入水点保持在头部前方，但必然会有向侧边的力量产生。所谓"入水的侧向力"是指手臂从空中进入水中时必然有一个力量，这个力量与身体的前进方向如果没有平行，就会使身体左右偏摆，尽管这种偏摆也许肉眼观察不出来，但每一下划手累积下来，就会对游进速度造成影响。

▶ **建议改善方式**：可以多练习第1章提到的"侧姿水平漂浮＋提臂"。

过低的手肘：自由泳划手过程中，手肘永远比手掌高

　　使用划手板，也可以改善手肘过低的问题。因为戴上划手板后，假若仍以低肘方式划手，划手板就会滑掉，唯有使用高肘划手，划手板的板面才会贴住手掌。所以，戴着划手板练习不但可以改善划手动作，还可以增强划手所需的力量。

　　除此之外，由于划手板的面积比手掌大很多，因此抓水的实在度会增加，也会更容易掌握到体重压在前伸臂上所形成的加压感（水感）。但必须小心，如果划手所需的力量还不足，会有拉伤的风险，因此建议一开始买小一点的划手板来练习。

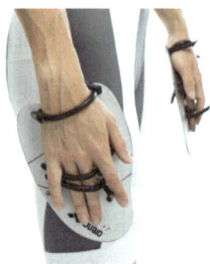

▶ **建议改善方式**：须强化三角肌与背阔肌。

划手发生问题的时机

　　划手上的缺陷常常发生在换气的时候。为什么呢？因为在换气时，我们大都只会想到呼吸，而失去划手的专注力。所以，如果你一直用单边换气，其中一只手臂的划手动作就会一直受到忽视。

　　大部分人在换气时，或多或少都会打断原有划手的效率与流畅度。这正是为什么游泳选手在冲50米时会尽量减少换气的次数。虽然在游长距离时，不可能像短距离冲刺一样减少换气次数，但可以让我们仔细思考如何才能增加换气时的划手效率。

　　我们要怎么做才能减少换气时所产生的问题呢？

　　最好的方法就是学会两边换气。如果你总是用同一边换气，划手的整个过程中就会有某个点一直被忽视。举例来说，如果你一直用右边换气，就永远无法专心用左手抓水，因为左手在抓水的同时，你永远在换气。所以，只会右边换气的人，左手常会有许多被忽视的缺点，如手掌太早压水以及手肘下沉等问题，都会严重影响划手的效率。

○ 避免无效划手的方法：不要只是把手掌拉向身体

　　"把手掌拉向身体" vs."把身体拉向手掌"——两者从外观的肌肉解剖学上看起来没什么分别，也就是说都用到相同的肌群。其实大不相同。

　　如果只想着划动手臂，常常只是把水从前面推到后面而已，会造成没有效率的结果：身体不动手臂却不断前后划水。就好像你趴在池边不断想把水扒到另一个池子里一样。

手臂划水的动作其实是身体转移体重到手掌后"被动"形成支撑的结果。而"主动"权掌握在滚转的躯干上，体重什么时候转移过去，手臂就什么时候承担体重传来的压力。如果你是"主动"划动手臂，由于手臂和身体间没有联结，就很容易形成只是在水中移动手臂的空划状态。

○ 常见的打水错误

脚掌出水太多

打水时只有脚尖会出水一点点，若脚掌露出水面的部分太多，就会在向下打水时造成太多水花与气泡，使双脚脚掌压到的水变得不实在，并且提太高的脚掌也浪费移动的行程。

腿部下沉的问题

依我个人的教学经验，下半身下沉不只是腿部肌肉的问题，另一个重要因素在于核心肌群不够强健、稳定。够强健的核心（腹直肌、腹外斜肌、背肌、臀肌以及深层维持骨盆稳定的肌群）可以帮助你将每一下划手的力量都联结到下半身，不再是划手归划手、打水归打水，核心可以帮助把这两者联结起来。个人的体会是：有力的核心，每一下划手都会利用到腹部与背肌，同时撑起它们，划手的同时，下半身因此上抬。

剪刀脚

除了身体的稳定度，下半身的打水方向也是滚转时容易出现的问题。当身体利用滚转形成低水阻的前进体位，同时辅助提臂，又创造出有效的前进动能时，如果下半身的双腿也跟着大转特转成一脚上一脚下的侧向打水（俗称剪刀腿或剪腿），就会形成另一股附加水阻。虽然滚转时无法避免下半身也跟着转动，但转动幅度应该比上半身小，而且仍要保持上下甩动，而非左右。许多刚练习滚转技术的人时常会陷入剪腿的困境，就是因为下半身跟着转动过度。

很多泳者在换气时会形成剪刀脚。剪刀脚有两大特征：其一是两脚掌分开的幅度过大，其二是上抬腿的脚掌会跑到下方腿的正上方。这两大特征就像在身体后面绑上一具张开的降落伞，会形成很大的水阻。

剪刀脚主要是由于身体在水中的平衡不好造成的。我们是陆地动物，习惯用脚在陆地上保持平衡，像是走路与跑步，都是以剪刀脚的形式前进、保持平衡、移动身体。进入水中后，这样的习惯仍然不变。

另一种造成剪刀脚（身体平衡不易）的主因是过长的划距（过慢的划频）。划距增加，代表你手臂向前延伸得更多，单臂前伸时间加长，同时也表示前伸过程中要停留比较久，使你更难保持平衡。所以，对有剪刀脚的泳者来说，增加划频可以有所改善。

打水过度用力 / 膝关节发力打水

　　短距离选手非常注重打水的动作，他们打水又快又有力，虽然打水的频率加快，但同时也会以精巧的方式保持平衡。强力打水所创造出来的推进力，时常就是他们赢得1%秒的制胜关键。

　　但像是1500米或铁人三项这样的耐力型项目，打水的目的就不再是推进，而是让腿部与身体的其他部位保持联系，使上半身与下半身成为一个整体，如此才能把双腿的重量转移到手臂与手掌上。如果上半身与下半身无法形成独木舟般的直线形一体性，身体前进的惯性就会被分成上半身与下半身，有如独木舟后面拖了两根鱼电浮标，不但前进所受的水阻会变成两部分的加成，也会使下半身的重量无法顺利转移到前端的手掌。

▶ **建议改善方式**：撑坐打水与使用脚蹼打水。坐在岸边，让臀部以下的双腿部分泡在水中，身体微微后仰，双手往后伸直撑在肩膀下方。接着双腿膝盖与脚板伸直，上下甩动，每次甩动过程中两脚大拇趾趾头外侧皆微微触碰。在进行这项练习时，不要把空气打入水中造成过多气泡，脚掌仍保持在水中，利用脚背把水往上挤出水面，像是水烧开时水泡往上涌的感觉，要让那团水泡尽量集中在两脚大拇趾间。一般人对"踢"这个动作的概念是弯曲膝盖，收缩股四头肌，再把小腿与脚掌往前送，像踢足球一样。撑坐打水动作能够让你改变陆地上踢的经验。你可以试着用单脚站立，以非支撑脚前后甩动，想象自己的腿如同秋千一般，上端的支点即你臀腹间的肌群，下方的膝盖、小腿与踝关节都是在空气中自由前后甩动而已。使用脚蹼有助于你实际练习时激活大腿上方的肌群。

◎脚蹼可以改善膝盖打水的问题

○ 臀部常见的错误

有些教练会说出"以臀部发力划手"这样的话。但是从自由泳的机制来看，臀部并非发力的起点。臀部的角色是把体重从一侧转移到另一侧。如果你臀部转动到下方却没有形成新的支撑点，让体重转移到手臂，身体就无法依靠不存在的支撑点前进。总之，转动臀部过程中要同时让转移的体重传送到前臂与手掌上，形成新的支撑点，否则只是表面上做到滚转动作而已。

还有一点非常重要：当臀部转动到某一侧且形成新的支撑点时，必须稳住臀部，才能让已转移的体重持续压在手掌上。太早转高臀部，会使支撑在手掌上的压力骤失。因此，臀部的稳定与否，绝对与前端手臂的支撑是否稳固有着密切的关系。

太沉的臀部

最常出现的问题就是臀部太沉，身体变成"⌣"形，这样不但水阻横断面的面积增加，上下半身更像分了家。手脚动作无法连贯常是腰腹臀无力、中段身体无法撑起造成的。

▶ **建议改善方式**：多进行第2章所提到的有关腹部与背部的核心力量训练。

左右摇摆的臀部

臀部之所以左右摇摆，首先是身体没有滚转，致使提臂过度用力，入水时手掌入水超过中轴线，而影响下半身的姿势；其次是内力不足，无法让身体中段在外力的划手和打水动作下保持稳定。尤其是划手时转肩的动作，会牵动腰臀向左右横移的侧向力，那就像风吹枝叶时，不够强壮的树干会随风摇摆一样。

▶ **建议改善方式**：多进行第2章所提到的有关臀部与滚转所需的核心力量训练。

游泳的教与学

在学习游泳的道路上，许多挫折感的形成原因为同时顾虑太多的信息：入水点、划手的轨迹、高肘的角度、推水的时机等一连串的细节。与其在脑中同时置入如此众多的细节，不如只专注在一件事上，这样比较容易把错误改正。在教学上也是一样，不要一次就指出许多需要改进的缺点，每次对学员只交代一件事，让他专注在其中一个最需要改进的问题点上，那通常是有助于改善其他小缺点的关键动作。例如，转肩不够的问题如果改善了，不但可以减小游进阻力，还能使提臂时间缩短，避免手臂超过中线入水。所以，某些小问题的发生可能有其根本因素存在，身为教练必须通过观察与思考，才能做出正确的判断，交代有效的训练指令。

在开课程表给学员练习前，我会先解释为什么要练这个，让他清楚知道自己练习的目的，而不是让学员盲目地瞎游，他必须知道自己在做什么。练习中，教练必须当个唠叨的人，一直告诉学员哪边做得对或哪边的动作需要调整才行，一直唠唠叨叨地重复，因为学员在水中看不到自己的动作，你必须当他的镜子，实时告知他的动作，让他知道目前游得是否达到此次训练的目的。尤其当他做对时，更要大声地赞扬"很好，就是这样！"让学员知道自己做对了，接下来就是保持下去，让动作逐渐刻印在身体里。

曾在《礼记·学记》中读过一段话："是故学然后知不足，教然后知困。知不足然后能自反也，知困然后能自强也。故曰教学相长也。"的确如此，我每次教完游泳后，自己再练游泳时都会觉得整个人焕然一新，屡试不爽。我想是因为教学时，为了解说给学员听，那些动作已经在脑中像放电影一样又过了好几遍，所以变得很熟悉，当身体实际开始游时，就能变得更精确与灵敏。开始教游泳之后，我每次都会思考学员泳姿上的问题与解决的方法，像是为什么他们的脚会下沉、为什么会换不了气等。对我来说，教游泳的经验使我重新发现了没有注意到的困境，并思考解决这些困境的方式，这个过程总是让我在游泳训练上能有新的体悟，想分享这些体悟的心情则促成这本书的诞生。希望它对喜欢游泳的你有所帮助。

图书在版编目（CIP）数据

水中训练：掌握游泳姿势、精进技术、突破速度 /
徐国峰著. -- 北京：人民邮电出版社，2016.10
（悦动空间）
ISBN 978-7-115-42969-8

Ⅰ．①水… Ⅱ．①徐… Ⅲ．①游泳－运动训练 Ⅳ．
①G861.102

中国版本图书馆CIP数据核字(2016)第171024号

◆ 著　　　徐国峰
　　责任编辑　王朝辉
　　执行编辑　杜海岳
　　责任印制　彭志环

◆ 人民邮电出版社出版发行　　北京市丰台区成寿寺路 11 号
　　邮编　100164　电子邮件　315@ptpress.com.cn
　　网址　http://www.ptpress.com.cn
　　北京九州迅驰传媒文化有限公司印刷

◆ 开本：690×970　　1/16
　　印张：12　　　　　　　2016 年 10 月第 1 版
　　字数：156 千字　　　　2025 年 10 月北京第 25 次印刷
　　著作权合同登记号　图字：01-2016-0311 号

定价：49.00 元
读者服务热线：(010)81055410　印装质量热线：(010)81055316
反盗版热线：(010)81055315